大きな文字で
わかりやすい

小学生で
習う漢字
1026字

2年
160字

この漢字の本は、小学校で学ぶ漢字1026字を大きなわかりやすい文字で掲載し、形や読み、使い方が覚えやすいように配慮した漢字の見本帳です。

1年〜6年の各学年の配当別に漢字を紹介する巻と、索引巻の全7巻構成です。

漢字の本の引き方

本書の漢字は、音読みの五十音順に掲載しています。ページ内の読みの掲載順は、訓読みを先、音読みを後にしています。これは、訓読みのほうが和語で漢字の意味がわかりやすく、覚えやすいという配慮からです。引きにくいかもしれませんが、ご了承ください。

漢字の掲載巻・掲載ページにたどりつけないときは、索引巻の中の「音訓索引」を参照してください。

ページの見方

ページ番号

習う学年

大きく表示された漢字

漢字を構成するパーツ
丸数字は書く順番を示しています。

読み
訓読みは、ひらがな（送り仮名は「ー」以下の細い字）で示しています。音読みは、カタカナで示しています。

用例
その漢字を使った言葉や文を示しています。用例の読みが促音化したり連濁した箇所には「＊」を付けました。ことわざや難しい熟語には意味を掲載しています。

漢字の大元《おおもと》の意味
漢字に音読みしかない場合には、どんなときに使う漢字かイメージしやすいように、その漢字のもつ大元の意味を掲載しました。

2年 もくじ

引

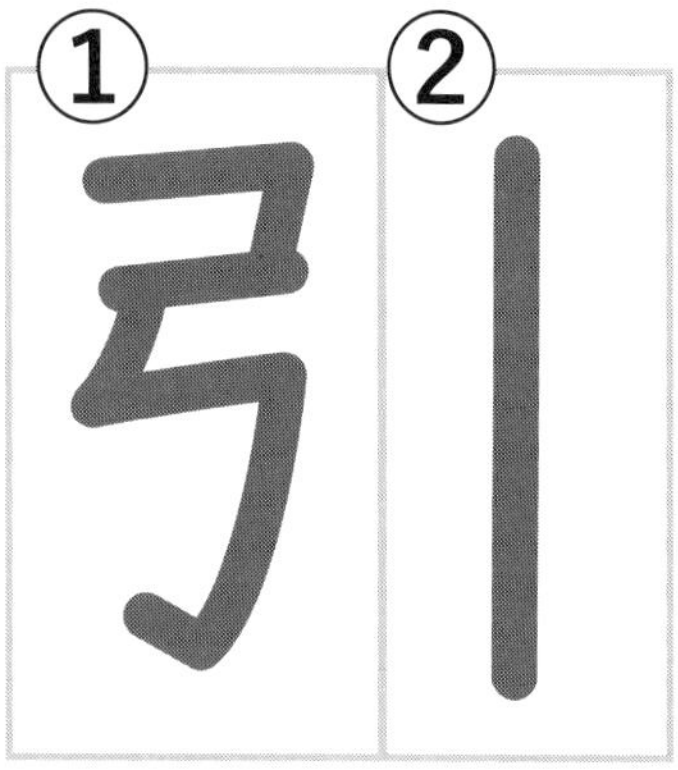

◆ひ－く、ひ－ける

●イン

線《せん》を引（ひ）く。

気《き》が引（ひ）ける。

＝気《き》おくれする。気力《きりょく》がくじける。

相手《あいて》のメール文《ぶん》を引用（いん　よう）する。

プロを引退（いん　たい）する。

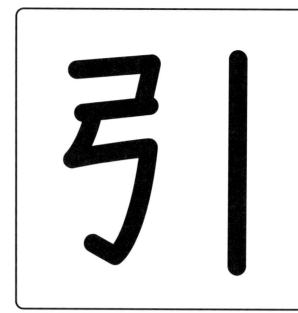

羽

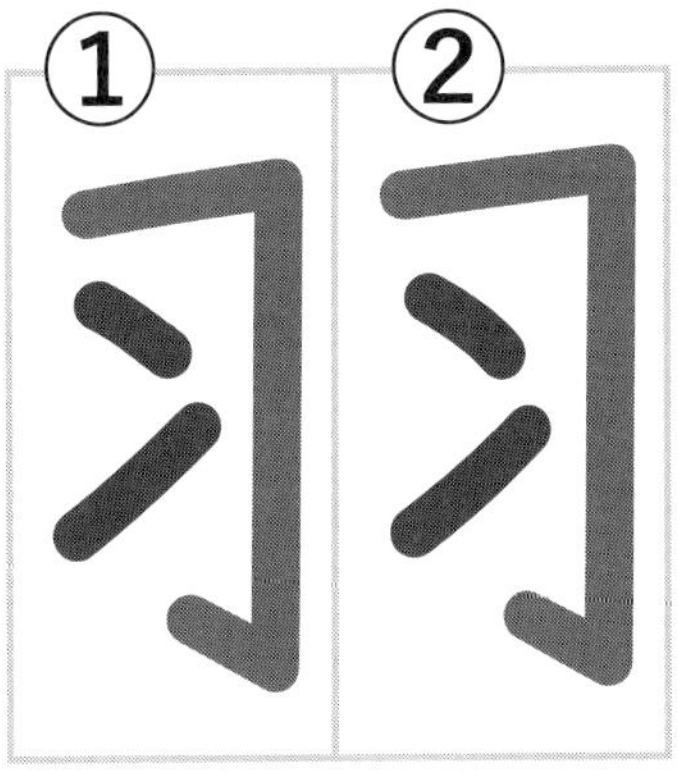

◆はね、は

ウ

●こん虫《ちゅう》の羽（はね）。

鳥《とり》が羽（は）ばたく。

羽毛（うもう）ふとん

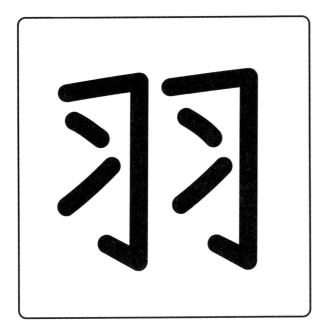

雲

① ② ③ 雲

◆くも

ウン

●雲（くも）が流《なが》れていく。

雲海（うん かい）が広《ひろ》がる。

園

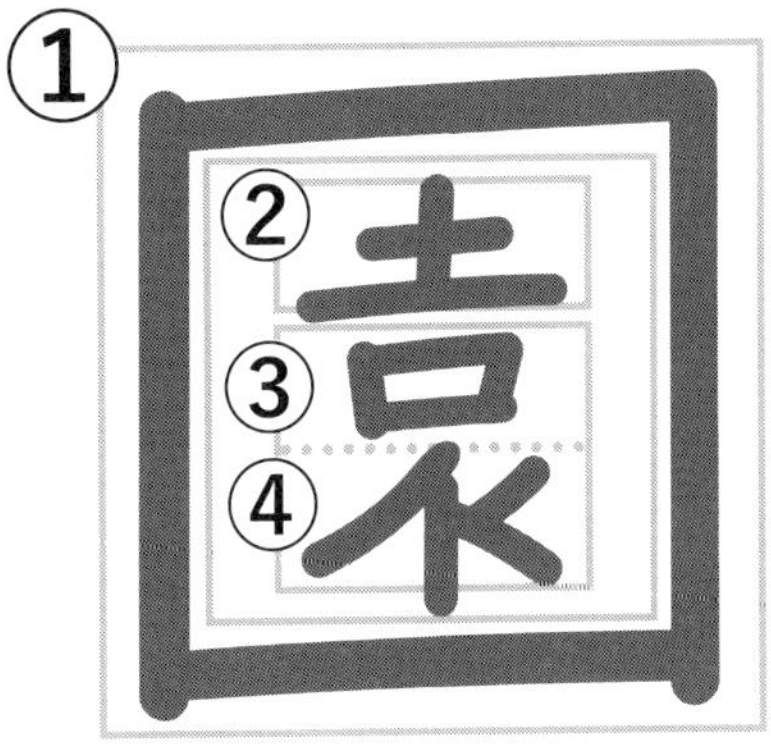

◆その
エン
●さくらの園（その）
公園（こうえん）

遠

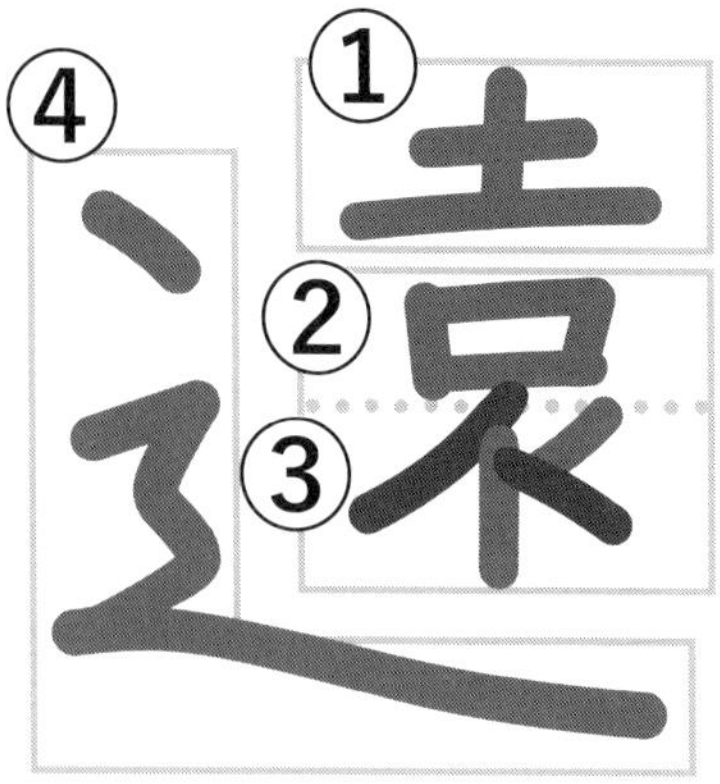

◆とおーい

エン、オン

●遠（とお）い国《くに》

遠足（えんそく）

何

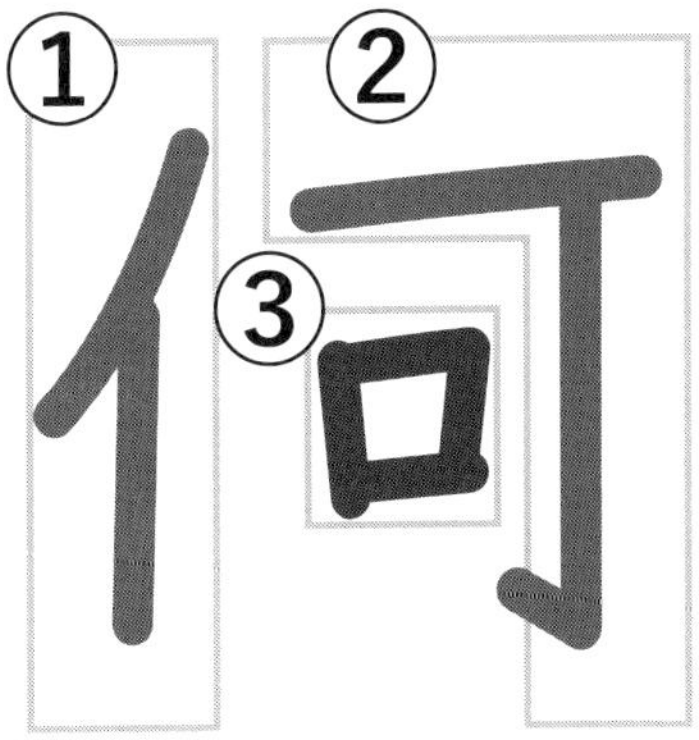

◆なに、なん

カ

●何（なに）か質問《しつもん》はありますか。

八《はち》は二《に》の何倍（なん　ばい）ですか。

幾何学（き　か　がく）

＝物《もの》の形《かたち》・大《おお》きさ・位置《いち》の性質《せいしつ》について研究《けんきゅう》する数学《すうがく》の分野《ぶんや》。

科

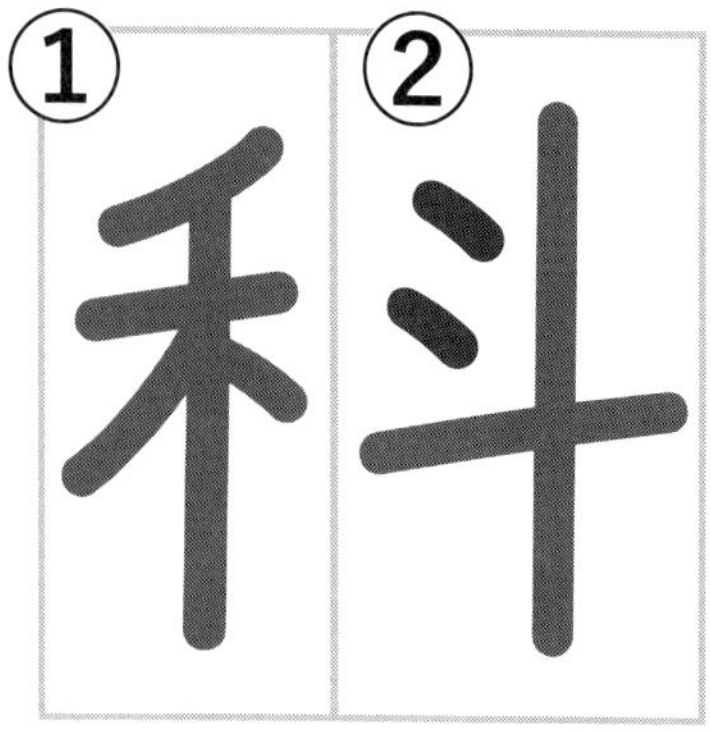

小《ちい》さく分《わ》けた／区《く》分《わ》け

◆カ

｜

●内科（ないか）

科学者（かがくしゃ）

教科書（きょうかしょ）

夏

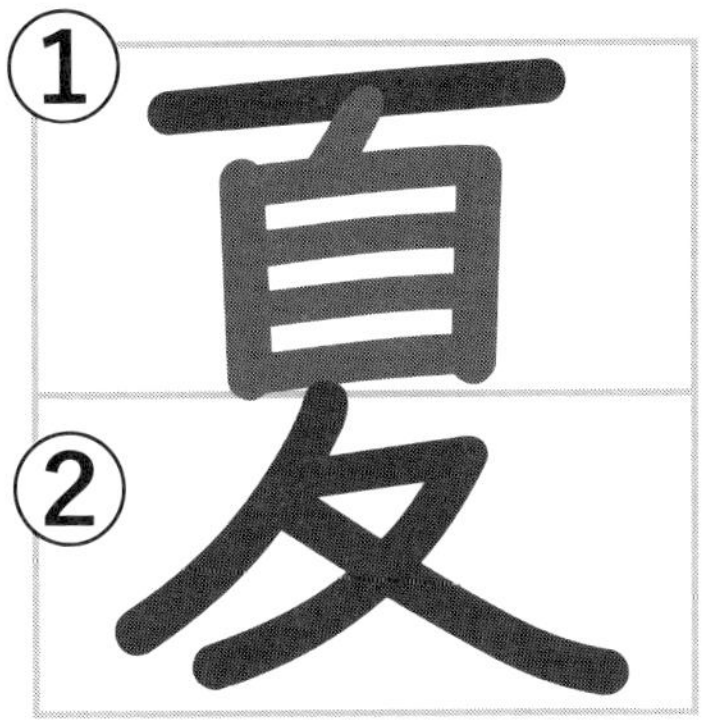

◆なつ

カ、ゲ

●夏（なつ）休《やす》み

夏期（かき）講習《こうしゅう》

夏至（げし）＝一年《いちねん》で一番《いちばん》昼《ひる》が長《なが》い日《ひ》。

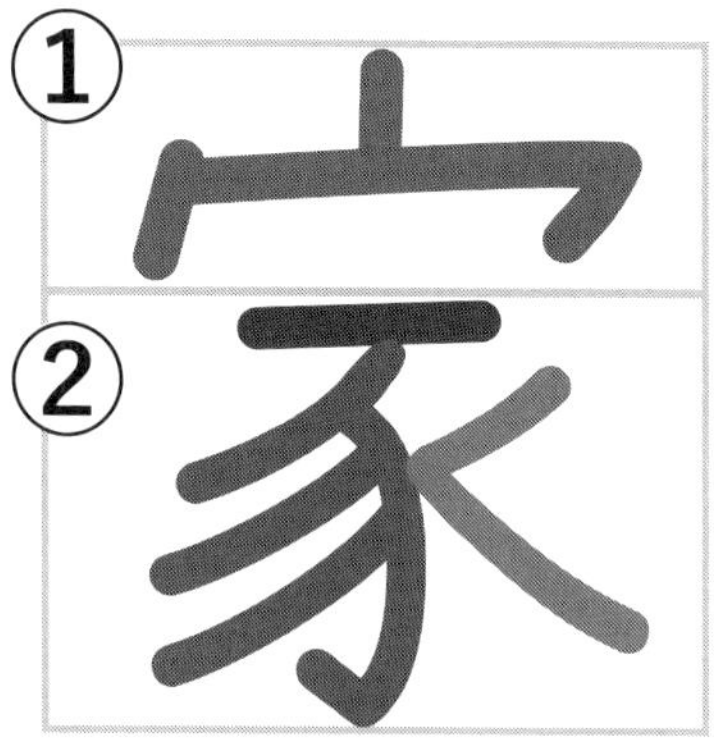

家

◆いえ、や
カ、ケ

●家（いえ）に帰《かえ》る。
家賃（やちん）をはらう。
国家（こっか）
作家（さっか）
家族（かぞく）
家庭科（かていか）
家来（けらい）＝武《ぶ》家《け》に仕《つか》える人《ひと》。

歌

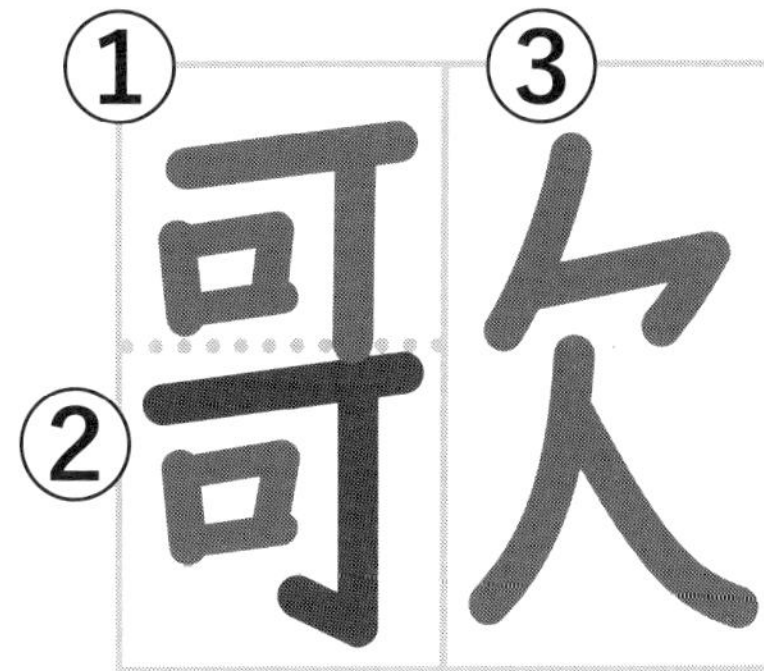

◆うた、うた－う

カ

●ゆかいな歌（うた）

大《おお》きな声《こえ》で歌（うた）う。

歌手（か　しゅ）

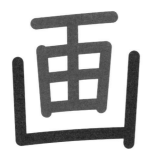

画

画

えがく

◆ガ、カク

●画家（がか）

映画（えいが）

冬休《ふゆやす》みの計画（けいかく）を立《た》てる。

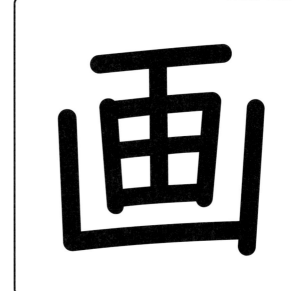

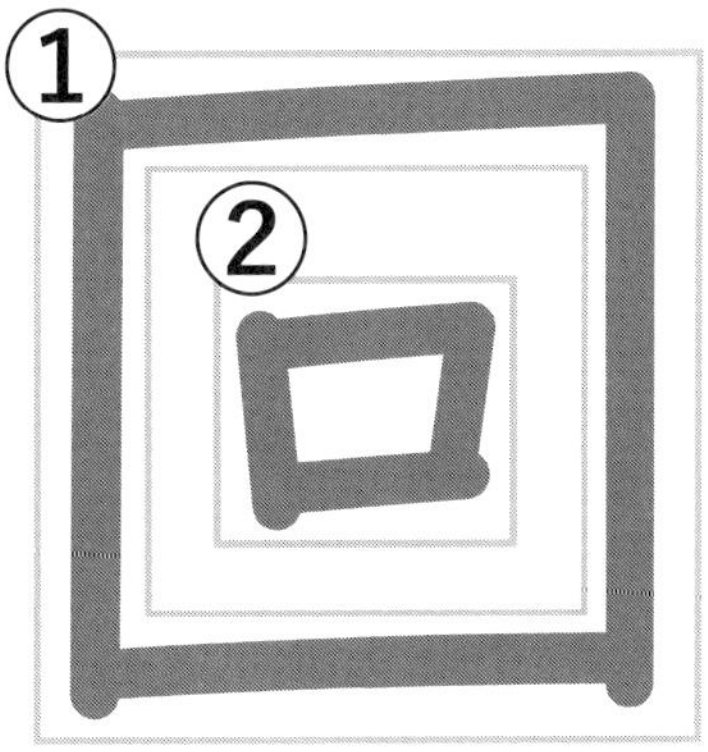

◆まわ－る、まわ－す

カイ、エ

●風車《ふうしゃ》が回（まわ）る。

うでを回（まわ）す。

回転（かいてん）ずし

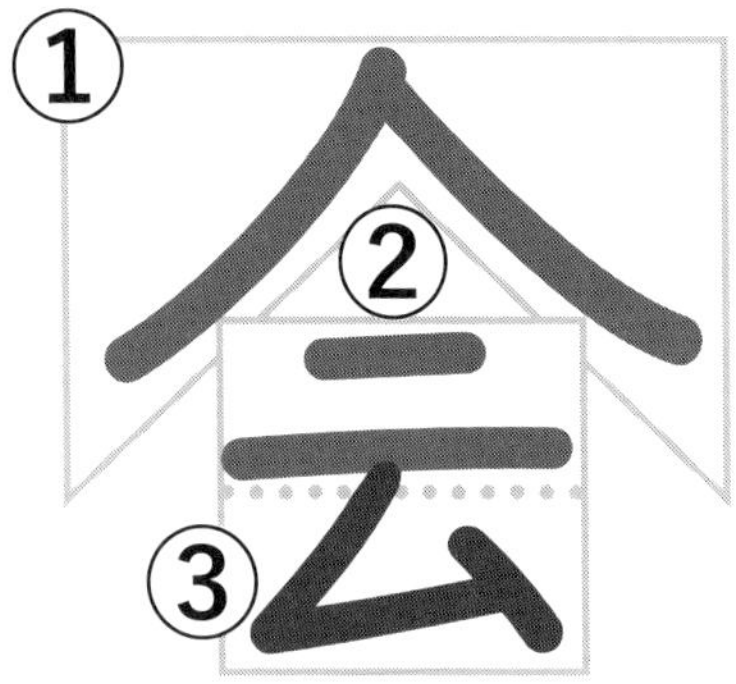

会

◆あ−う

カイ、エ

●友《とも》だちと会（あ）う。

会議（かいぎ）

おはなし会（かい）

新《あたら》しい技術《ぎじゅつ》を会得（えとく）する。

会得＝物事《ものごと》を十分《じゅうぶん》に理解《りかい》し、自分《じぶん》のものにすること。

海

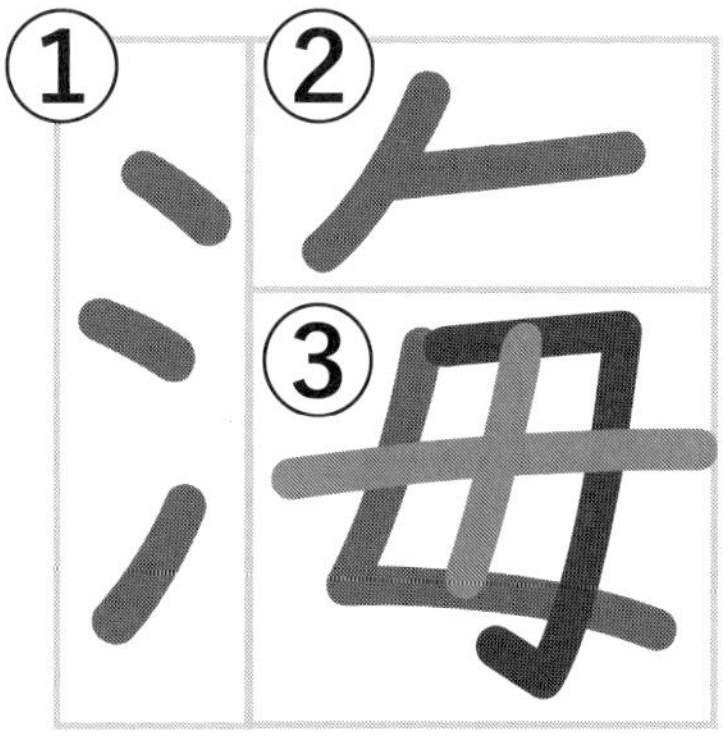

◆うみ

カイ

●おだやかな海（うみ）

海草（かい　そう）

絵

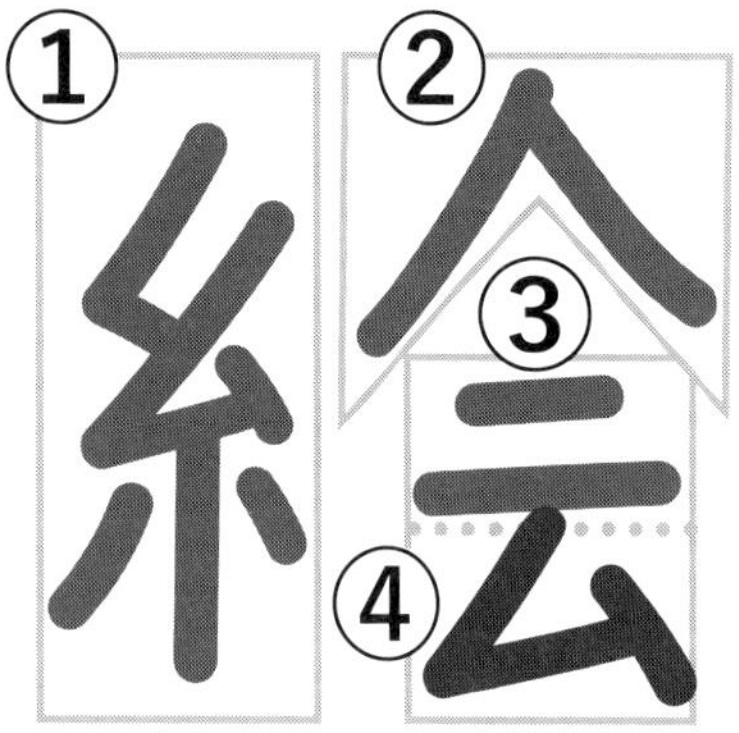

線《せん》や色《いろ》で形《かたち》をえがいたもの

◆ —

カイ、エ

● 絵画（かいが）

運動会《うんどうかい》の絵（え）をかく。

外

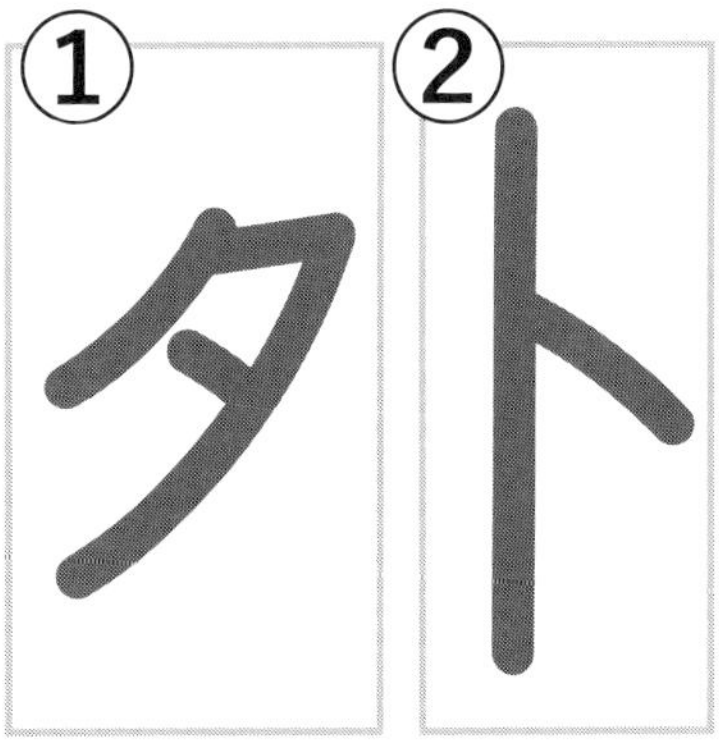

◆そと、ほか
はず－す、はず－れる
ガイ、ゲ

●外（そと）で遊《あそ》ぶ。
思《おも》いの外（ほか）早《はや》く着《つ》いた。
名札《なふだ》を外（はず）す。
ねらいが外（はず）れる。
外国（がい　こく）
外科（げ　か）

角

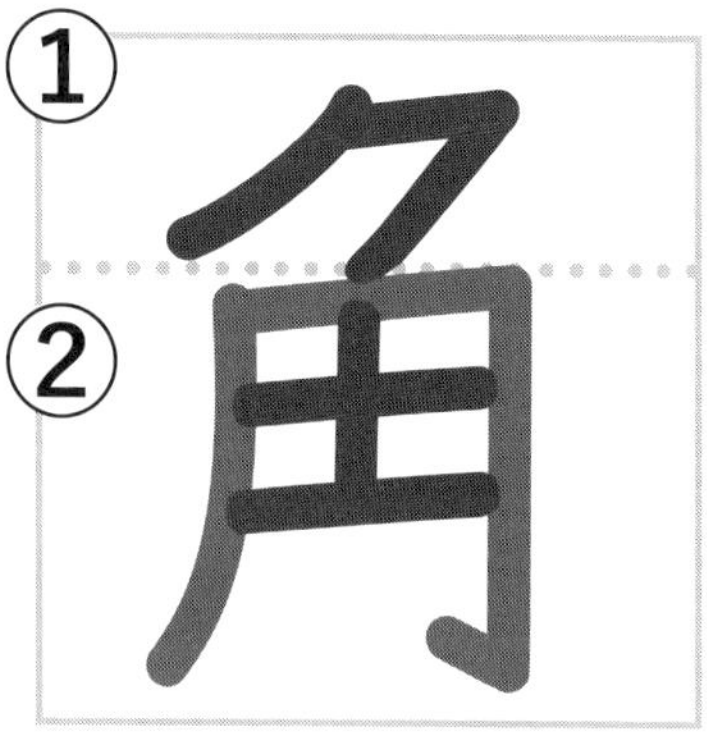

◆かど、つの

カク

●曲《ま》がり角（かど）

シカの角（つの）

角度（かくど）

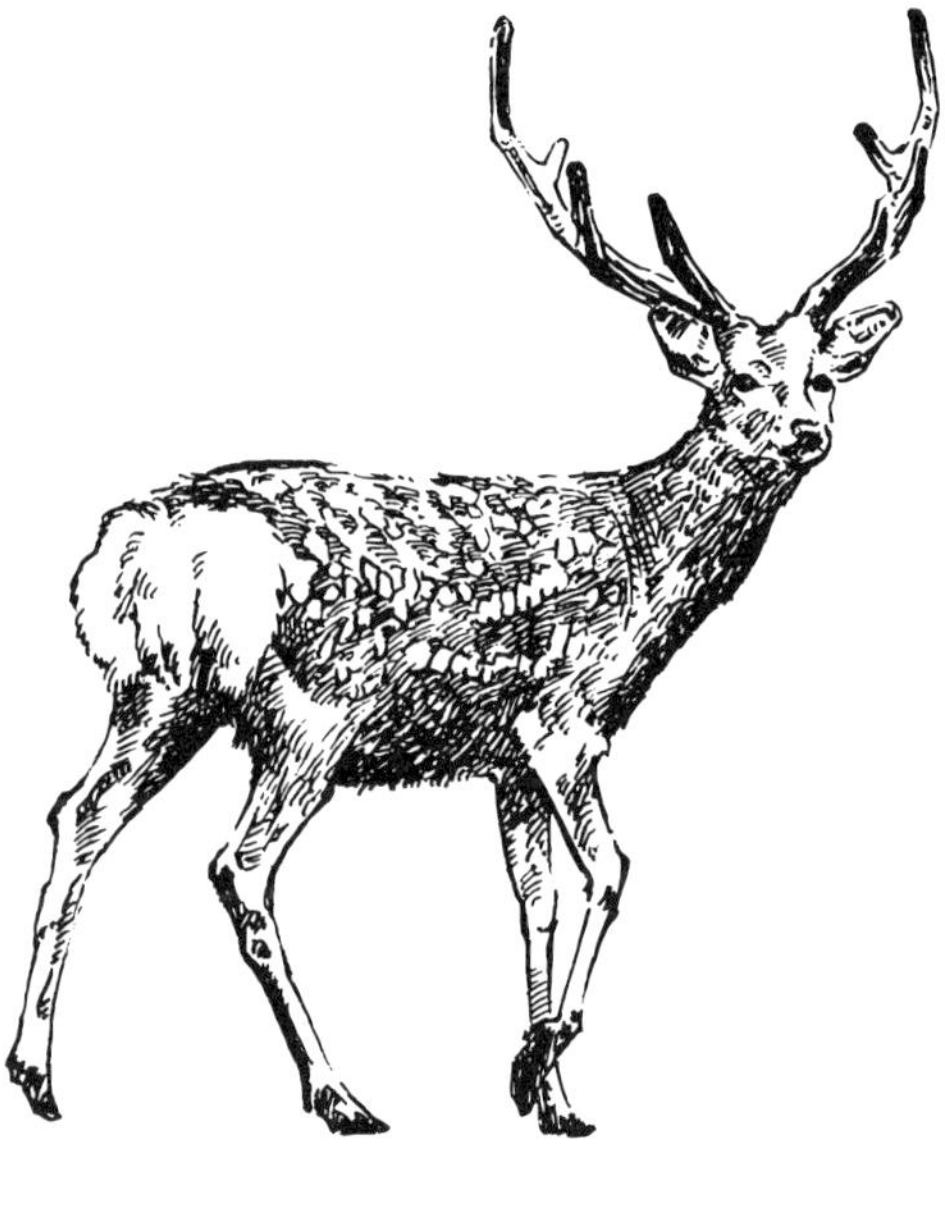

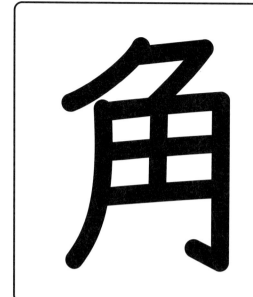

楽

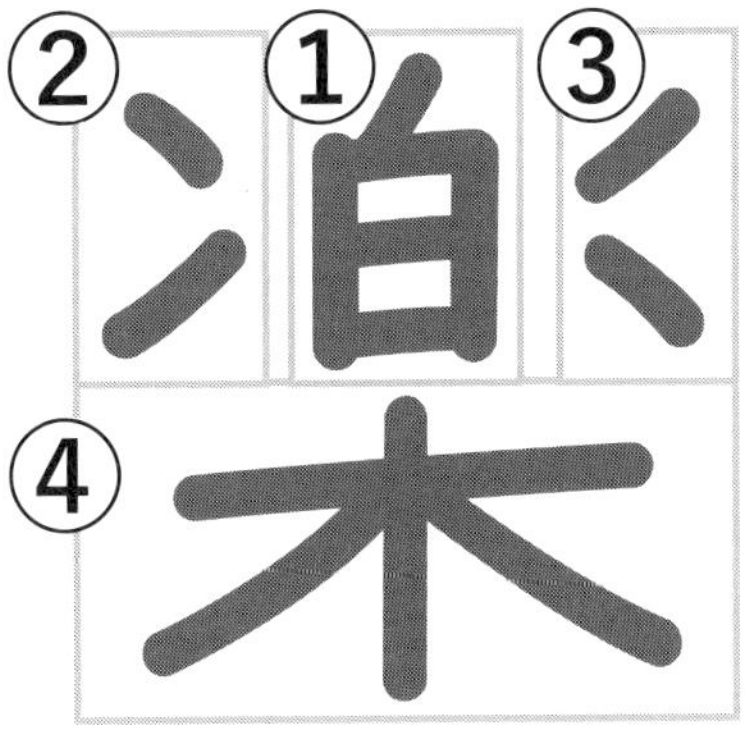

◆たの－しい、たの－しむ
ガク、ラク

●友《とも》だちと遊《あそ》ぶのは楽（たの）しい。
休日《きゅうじつ》を楽（たの）しむ。
音楽（おんがく）
楽園（らくえん）

活

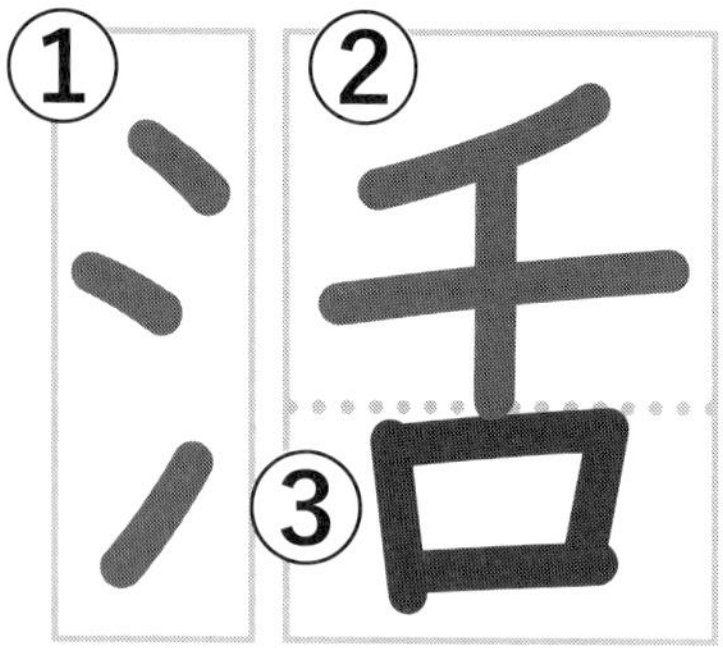

◆い－きる

カツ

●過去《かこ》の経験《けいけん》が活（い）きる。

生活（せいかつ）

クラブ活動（かつどう）に参加《さんか》する。

間

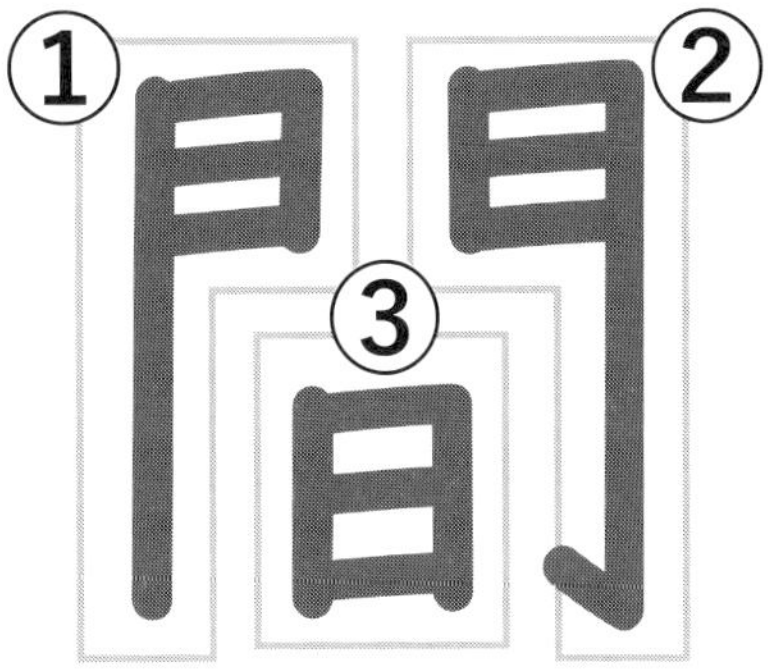

◆あいだ、ま
カン、ケン

●家《いえ》と家《いえ》の間（あいだ）
しばらくの間（あいだ）
居間（いま）
すき間（ま）が空《あ》く。
空間（くうかん）
世間（せけん）話《ばなし》をする。

丸

丸

◆まる、まるーい、まるーめる
ガン

●丸（まる）をつける。
丸（まる）いボール
紙《かみ》を丸（まる）めて捨《す》てる。
チーム一丸（いちがん）となって
戦《たたか》う。

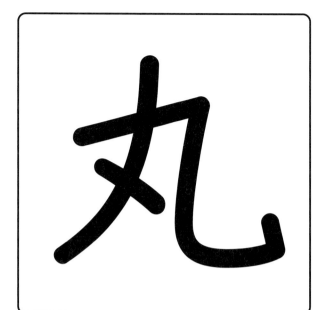

岩

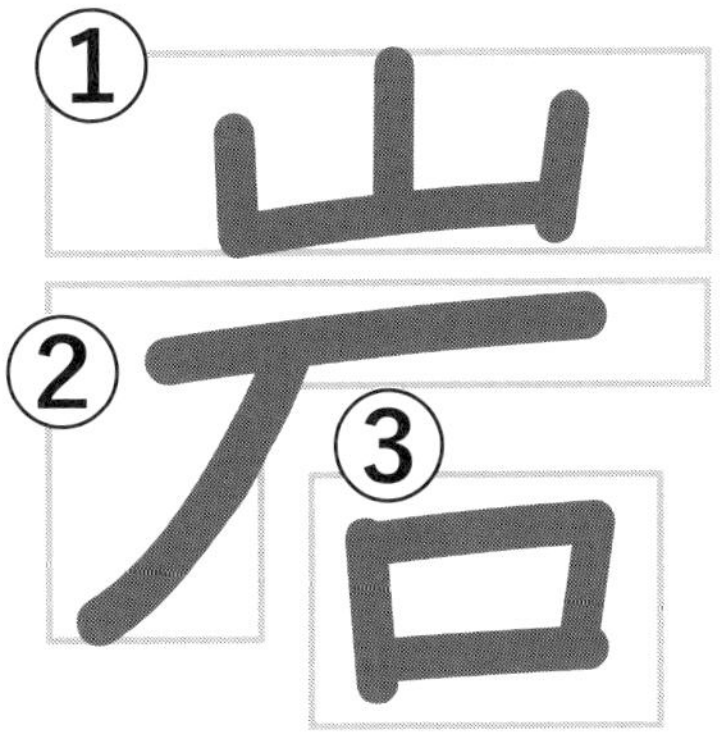

◆いわ
ガン
●大《おお》きな岩（いわ）
岩石（がん せき）

顔

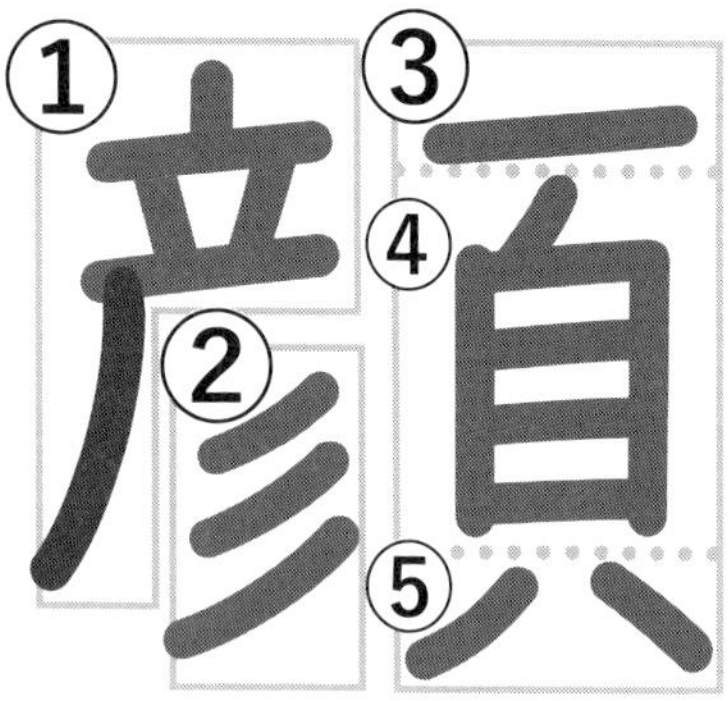

◆かお
ガン

●顔（かお）を洗《あら》う。
顔面（がんめん）を強《つよ》く打《う》つ。

汽

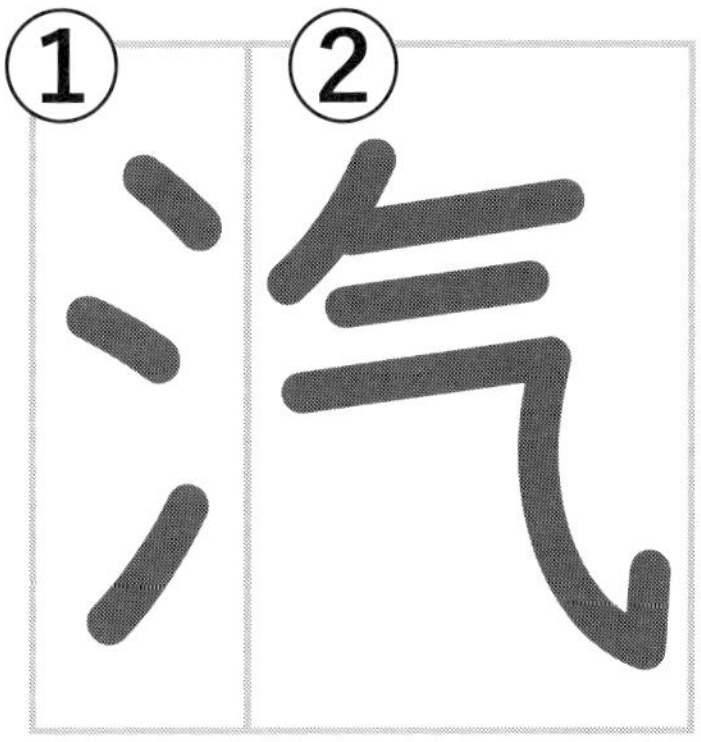

◆キ

●汽車（きしゃ）

汽笛（きてき）がひびく。

湯気《ゆげ》

記

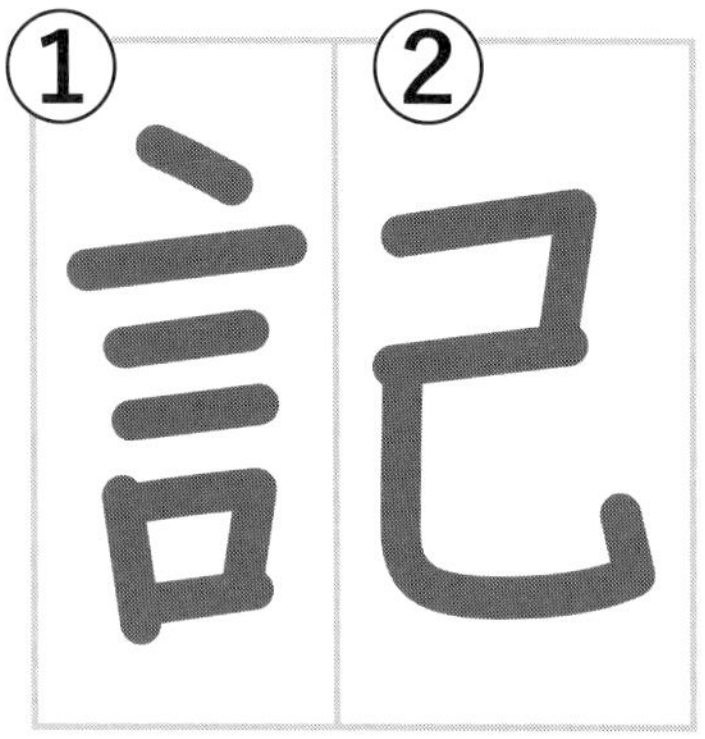

◆しる－す

キ

●今日《きょう》の出来事《できごと》を日記《にっき》に記（しる）す。

住所《じゅうしょ》を記入（きにゅう）する。

ニュース記事（きじ）

帰

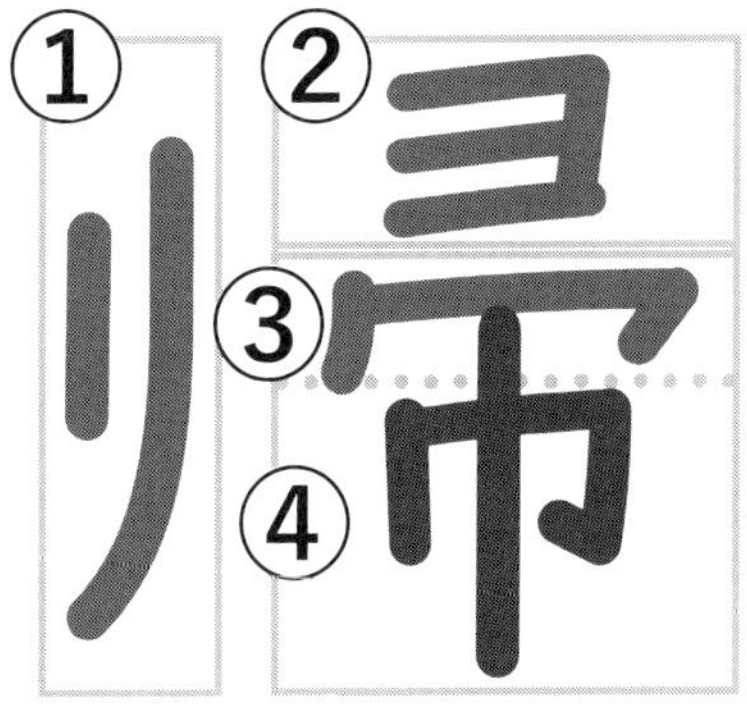

◆かえ－る、かえ－す

キ

●家《いえ》に帰（かえ）る。

妹《いもうと》を先《さき》に帰（かえ）す。

地元《じもと》に帰省（きせい）する。

弓

◆ゆみ
キュウ

●弓（ゆみ）を引《ひ》く。
弓道（きゅうどう）

牛

牛

◆うし
ギュウ

●牛（うし）のいる牧場《ぼくじょう》
牛肉（ぎゅう　にく）
牛乳（ぎゅう　にゅう）

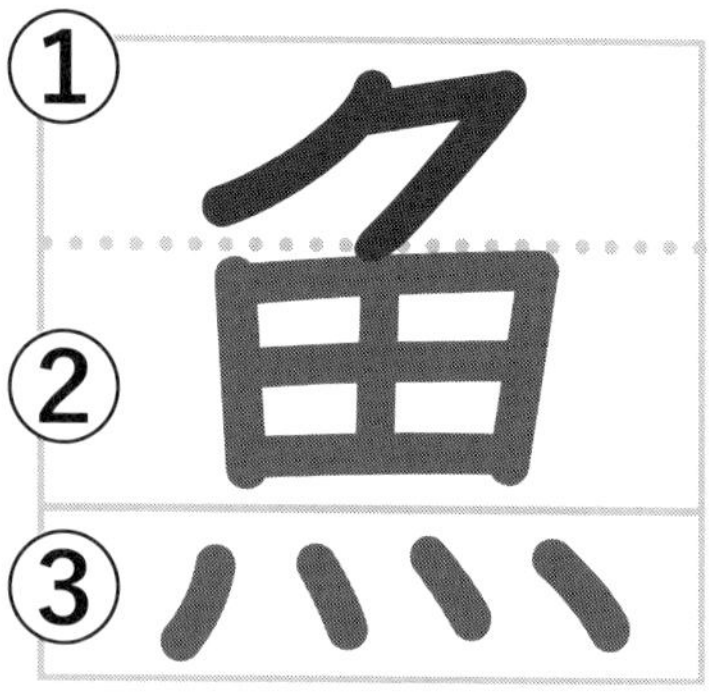

魚

◆さかな、うお
ギョ
●海《うみ》の魚（さかな）
魚（うお）市場《いちば》
魚類（ぎょるい）

京

① ② ③ 京

◆ ―

キョウ、ケイ

●上京（じょう きょう）
＝都《みやこ》へのぼること（今《いま》は東京《とうきょう》へ行《い》くこと）。

京都（きょう と）

京浜（けい ひん）工業《こうぎょう》地帯《ちたい》

都市《とし》／みやこ

強

① ② ③ 強

◆つよ-い、つよ-まる、つよ-める
し-いる
キョウ、ゴウ

●体《からだ》が強（つよ）い。
風《かぜ》が強（つよ）まる。
声《こえ》を強（つよ）める。
無理《むり》を強（し）いる。
強力（きょうりょく）なチーム
強引（ごういん）なやり方《かた》

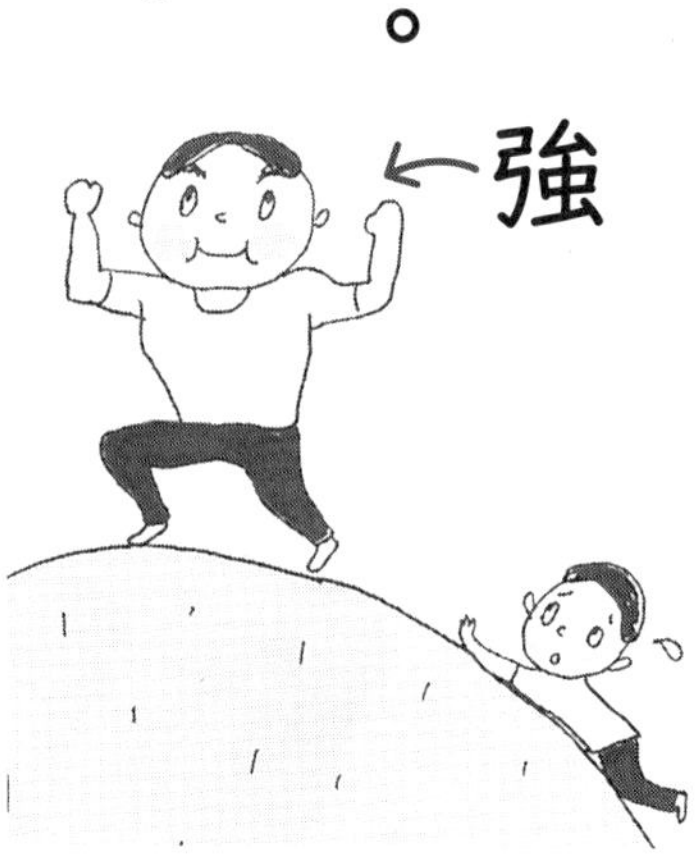

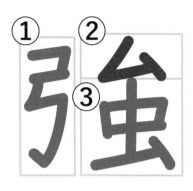

教

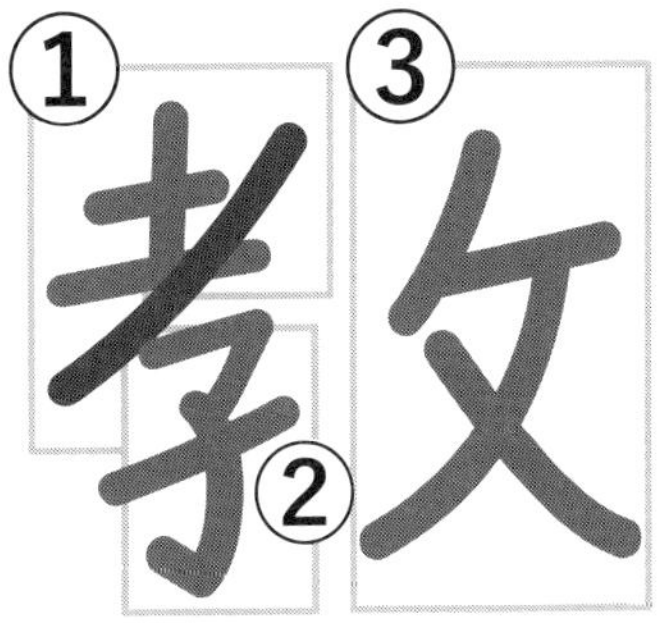

◆**おし**－える、**おそ**－わる

キョウ

●道《みち》を教（おし）える。

宿題《しゅくだい》を教（おそ）わる。

教室（きょうしつ）

近

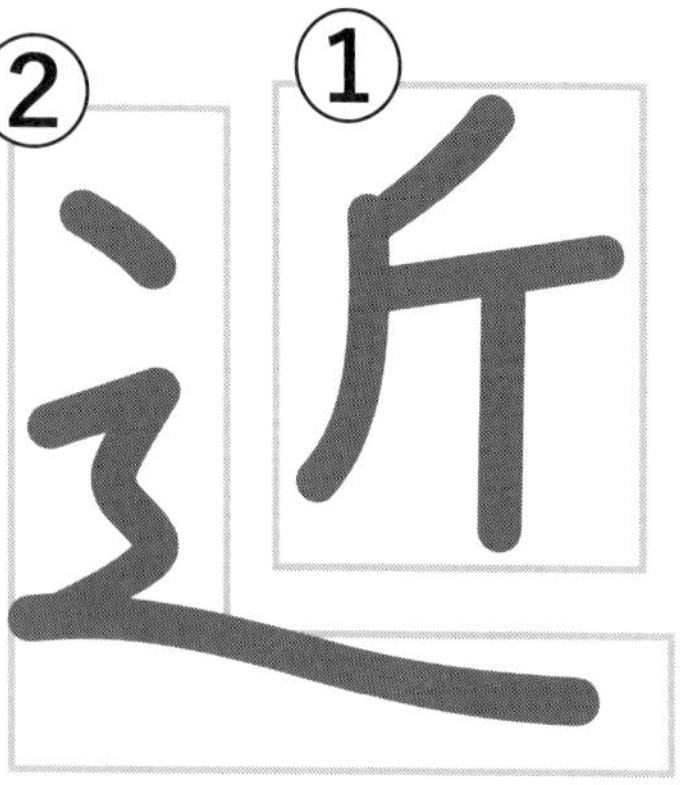

◆ちか－い

キン

●バス停《てい》は家《いえ》から近（ちか）い。

近所（きんじょ）

最近（さいきん）、田中《たなか》さんとはさっぱり会《あ》わない。

遠近（えんきん）

兄

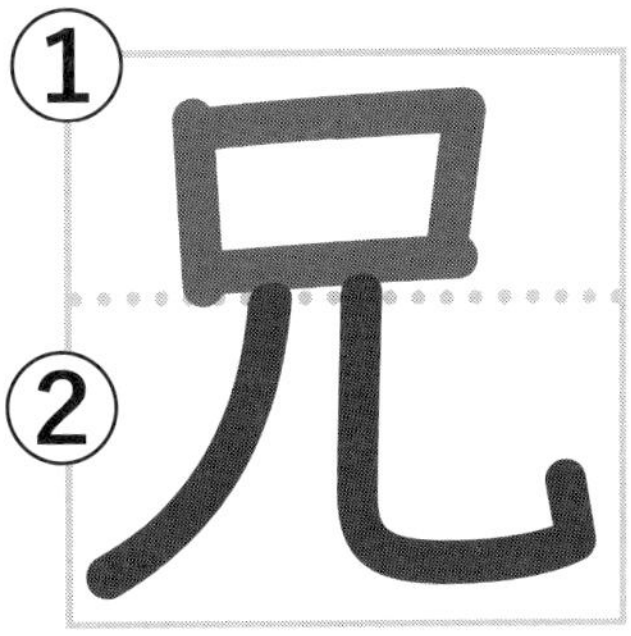

◆あに

キョウ、ケイ

●兄（あに）は高校生《こうこうせい》だ。

兄弟（きょう だい）

父兄（ふ けい）

＝（学校《がっこう》などで）児童《じどう》・生徒《せいと》の保護者《ほごしゃ》。

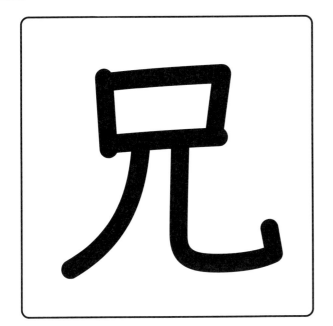

① 开 ② 彡

形

◆かたち、かた
ケイ、ギョウ

●三日月《みかづき》の形（かたち）
あと形（かた）もなく消《き》える。
形式（けい しき）どおりに書《か》く。
三角形（さん かく けい）
人形（にん ぎょう）

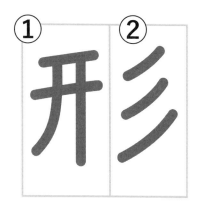

計

①計 ②計

◆はかーる、はかーらう

ケイ

●時間《じかん》を計（はか）る。

うまくいくように計（はか）らう。

計画（けいかく）

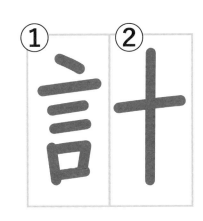

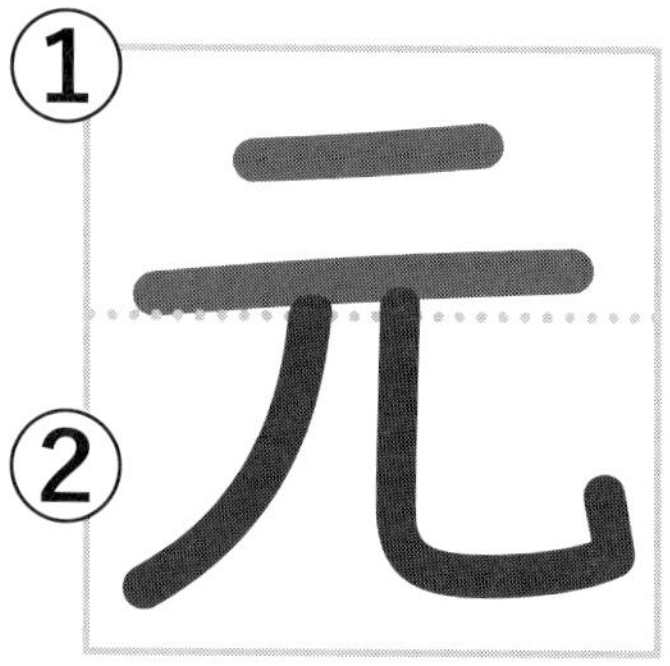

元

◆もと
ゲン、ガン

●元（もと）の場所《ばしょ》にもどす。
元気（げんき）を出《だ》す。
元日（がんじつ）

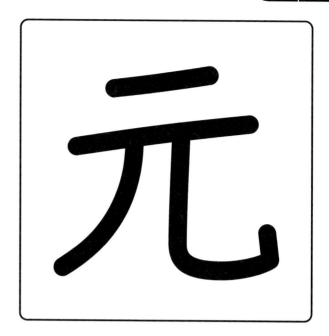

言

◆い-う、こと

ゲン、ゴン

●口《くち》に出《だ》して言（い）う。

言葉（ことば）を話《はな》す。

世界《せかい》の言語（げんご）

クラスで発言（はつげん）する。

伝言（でんごん）ゲーム

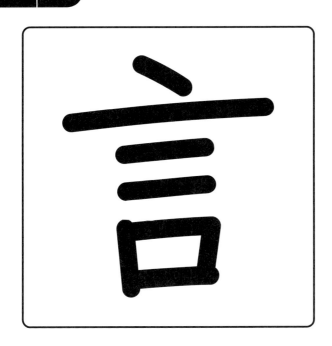

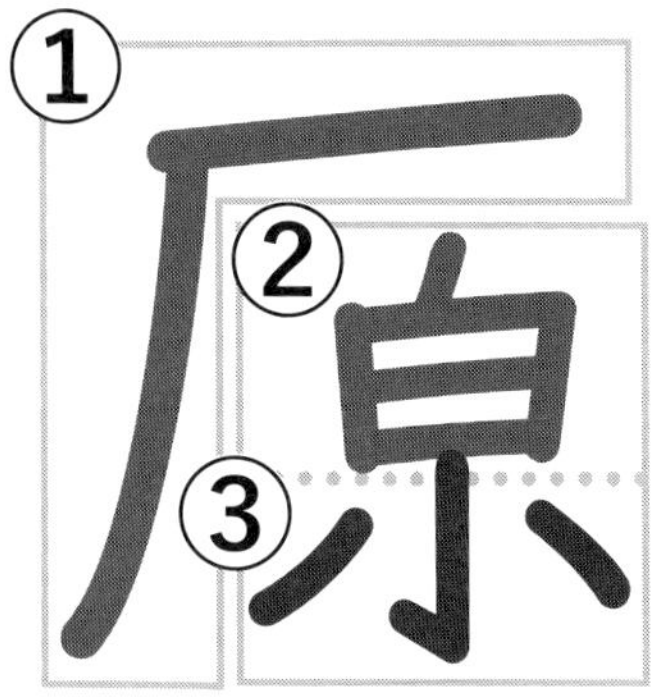

原

◆はら

ゲン

●広《ひろ》い原（はら）っぱ

草原（そうげん）

原因（げんいん）を調《しら》べる。

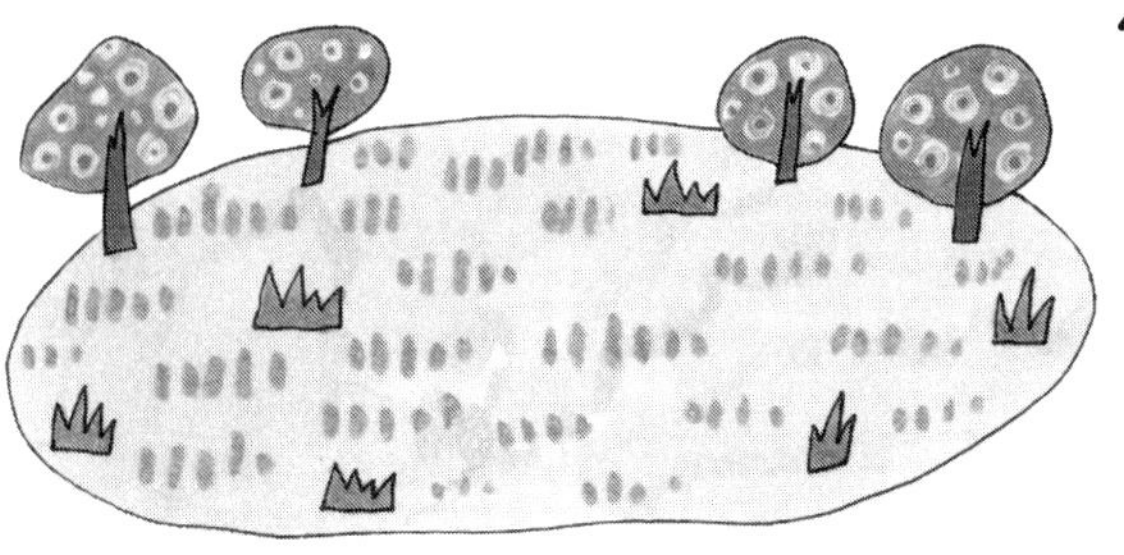

戸

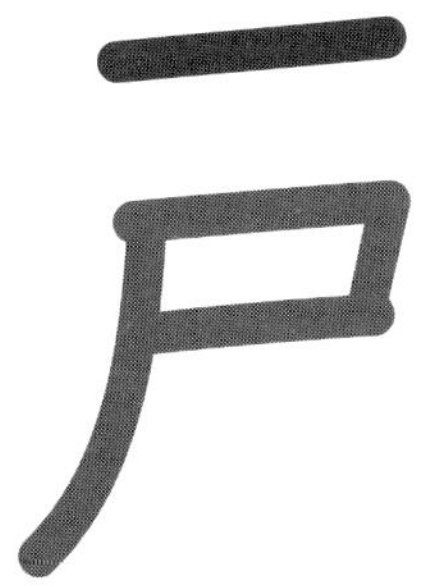

◆と

コ

●戸（と）を開《あ》ける。

戸外（こがい）に出《で》る。

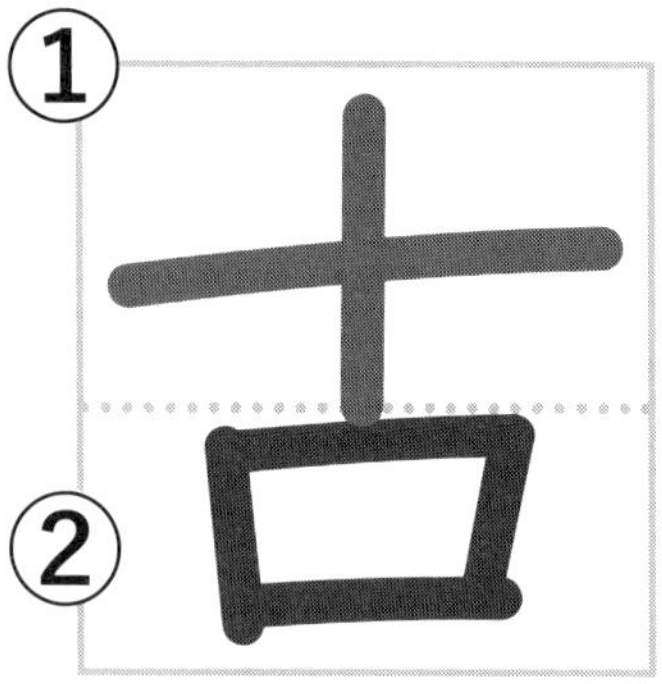

古

◆ふる－い、ふる－す

コ

●古（ふる）い巻物《まきもの》

使《つか》い古（ふる）したかばん

古代（こだい）の人《ひと》びとのくらし

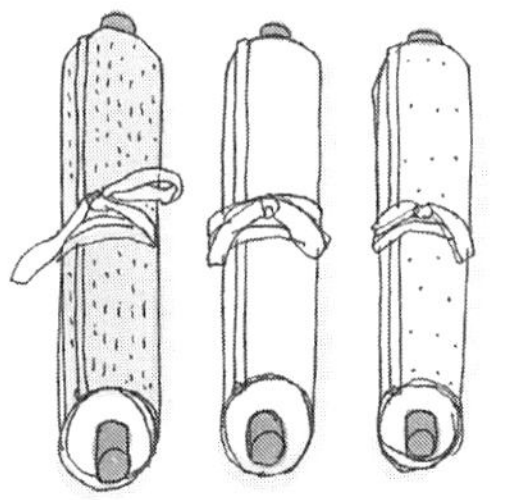

午

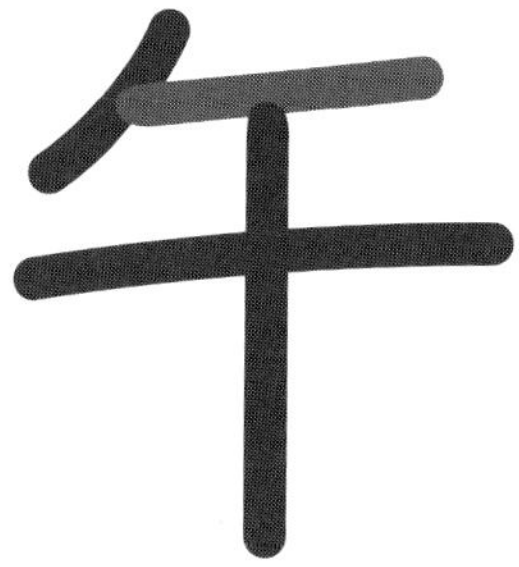

◆ゴ

—

●午後（ごご）

正午（しょうご）の時《じ》報《ほう》

昼《ひる》の12時《じ》

後

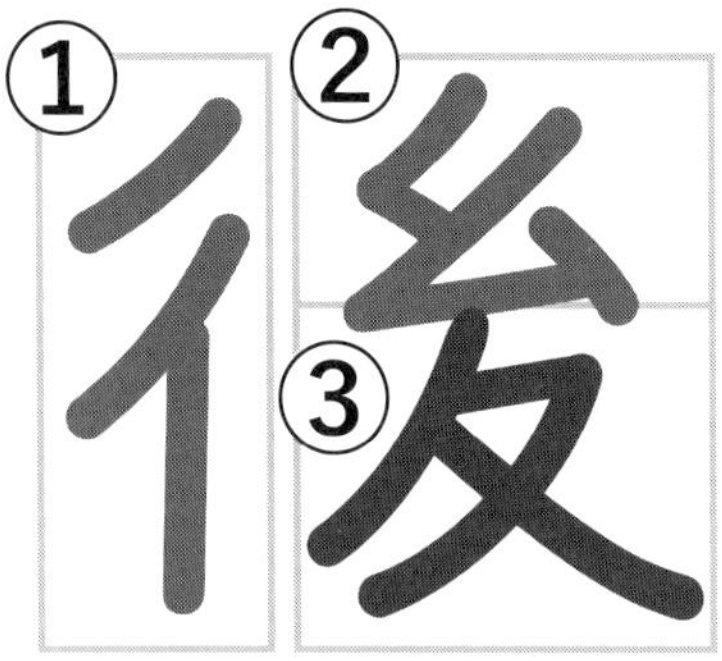

◆うし－ろ、あと、のち
おく－れる
ゴ、コウ

●後（うし）ろを向《む》く。
後（あと）で行《い》く。
後（のち）に王《おう》になる。
後（おく）れを取《と》る。
後日（ごじつ）お知《し》らせします。
後方（こうほう）注意《ちゅうい》！

語

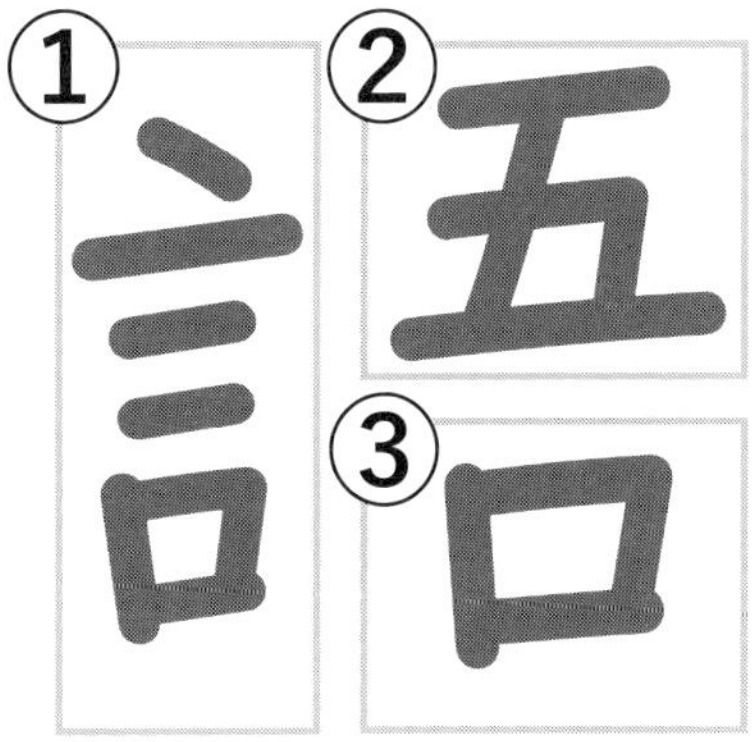

◆かた−る、かた−らう

ゴ

●体験《たいけん》を語（かた）る。

親《した》しい人《ひと》たちと語（かた）らう。

国語（こくご）

工

ものをつくる

◆コウ、ク

―

●工場（こうじょう）

図工（ずこう）

やり方《かた》を工夫（くふう）する。

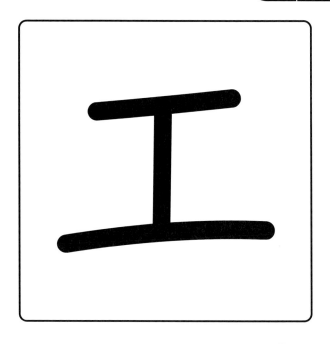

公

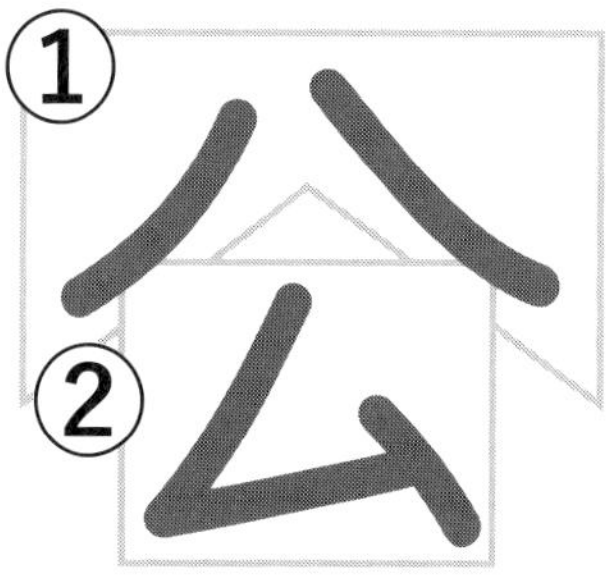

◆おおやけ
コウ

●公（おおやけ）の場《ば》
公民館（こう みん かん）

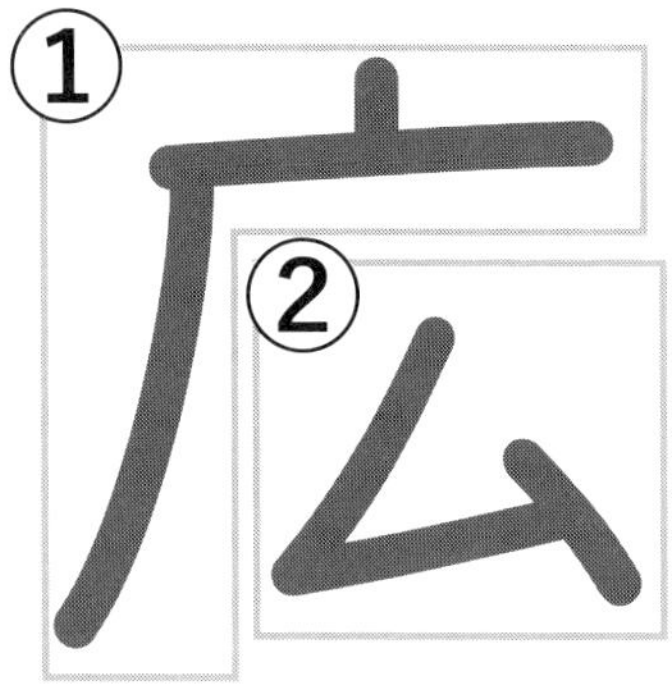

広

◆**ひろ**－い、**ひろ**－める、**ひろ**－まる、**ひろ**－げる、**ひろ**－がる

コウ

●広（ひろ）い道《みち》

うわさを広（ひろ）める。

世《よ》の中《なか》に広（ひろ）まる。

羽《はね》を広（ひろ）げる。

音《おと》が広（ひろ）がる。

広大（こうだい）な宇宙《うちゅう》

広告（こうこく）

交

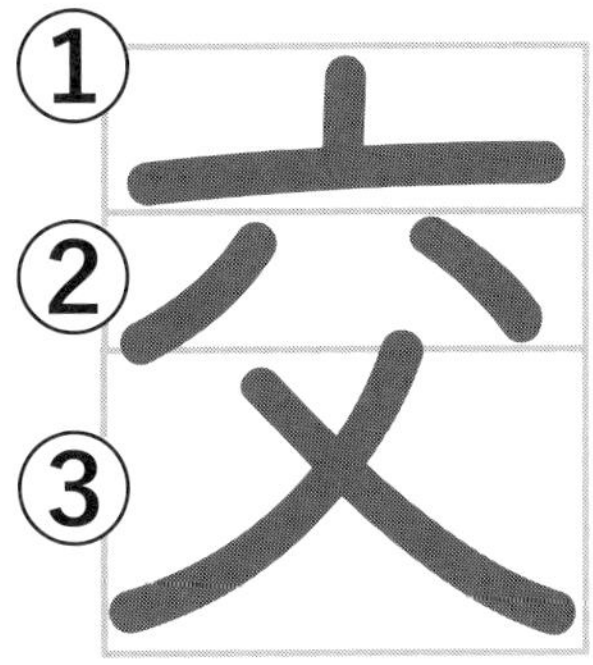

◆まじ－わる、まじ－える、ま－じる、
ま－ざる、ま－ぜる
か－う、か－わす
コウ

●二《ふた》つの直線《ちょくせん》が交（まじ）わる。
一戦《いっせん》を交（まじ）える。
大人《おとな》が子《こ》どもに交（ま）じる。
車《くるま》が行《い》き交（か）う。
言葉《ことば》を交（か）わす。
交通（こうつう）
交差点（こうさてん）

光

①
②

◆ひか－る、ひかり

コウ

●星《ほし》が光（ひか）る。

太陽《たいよう》の光（ひかり）

レーザー光線（こう　せん）

考

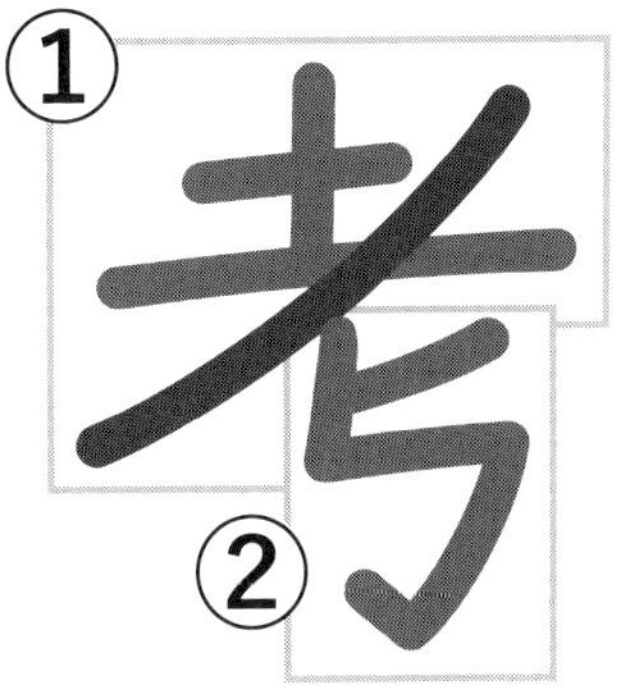

◆かんが－える
コウ

●問題《もんだい》の解《と》き方《かた》を考（かんが）える。
実験《じっけん》データを考察（こう　さつ）する。

考察＝物事《ものごと》を明《あき》らかにするために
よく調《しら》べて考《かんが》えること。

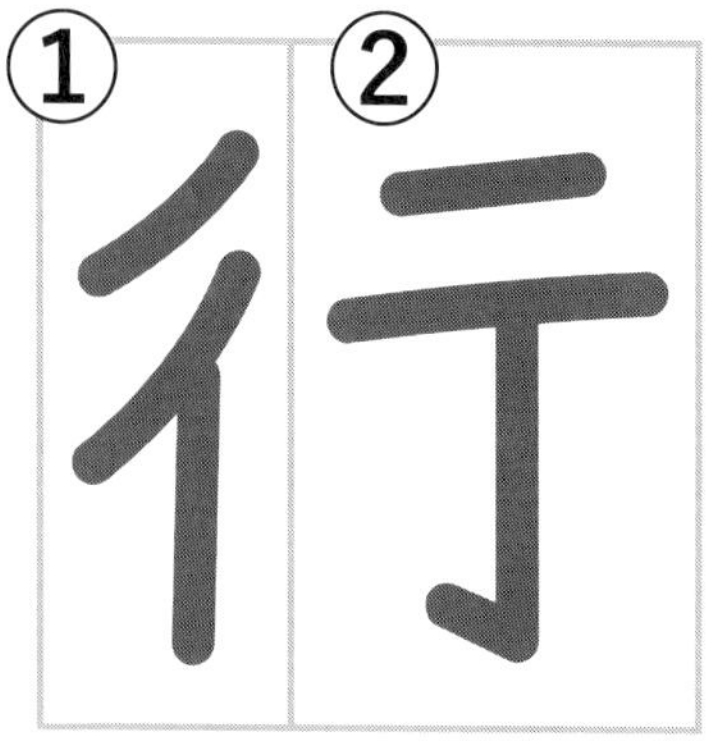

行

◆い－く、ゆ－く、おこな－う

コウ、ギョウ、アン

●動物園《どうぶつえん》に行（い）く。

行（ゆ）く末《すえ》を心配《しんぱい》する。

開会式《かいかいしき》を行（おこな）う。

行動（こう どう）する。

行列（ぎょう れつ）

行火（あんか）

＝手足《てあし》を温《あたた》める小型《こがた》の器具《きぐ》。

高

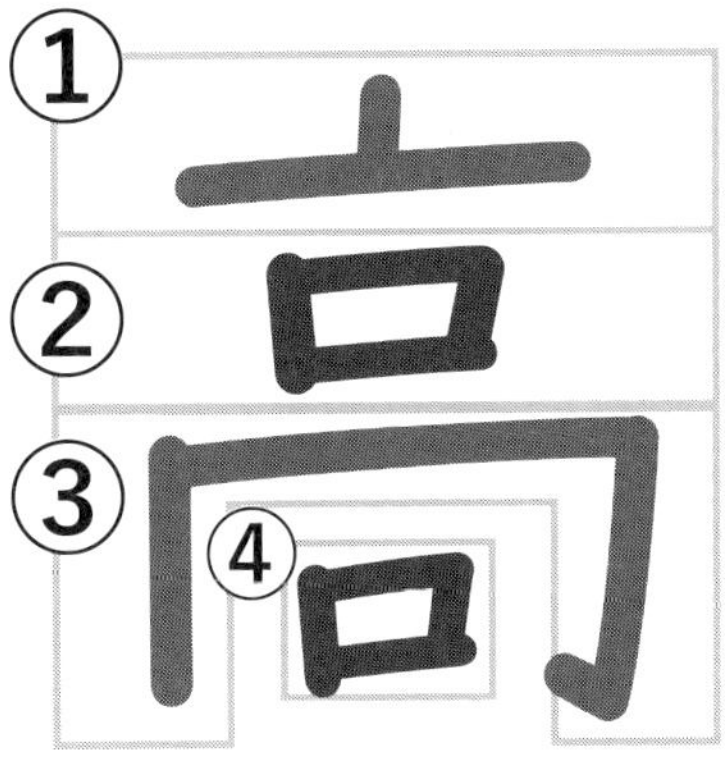

◆たか－い、たか、たか－まる、たか－める
コウ

●背《せ》が高（たか）い。
高（たか）飛《と》びこみ
期《き》待《たい》が高（たか）まる。
評判《ひょうばん》を高（たか）める。
高温（こう　おん）
高級（こう　きゅう）なくだもの

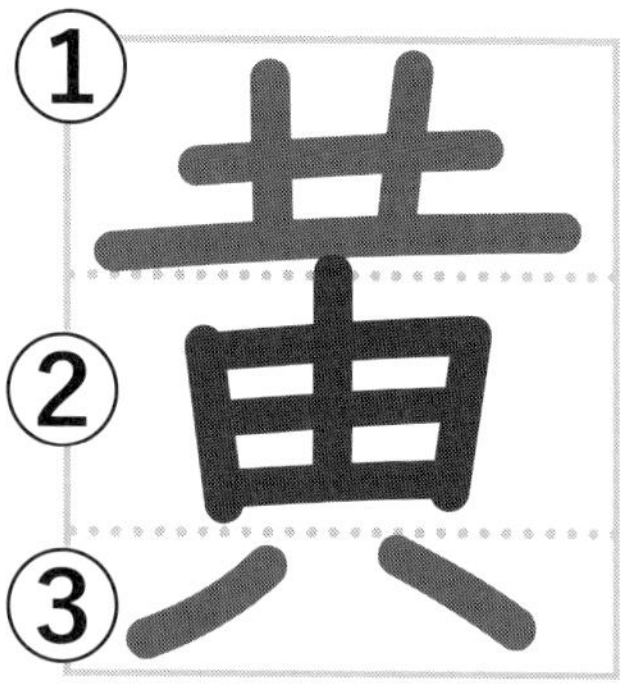

黄

◆き、こ

コウ、オウ

●黄（き）色《いろ》の絵《え》の具《ぐ》

黄金（こ　がね）の山《やま》

黄砂（こう　さ）が飛《と》んでくる。

黄土色（おう　ど　いろ）

＝茶色《ちゃいろ》がかった黄色《きいろ》

合

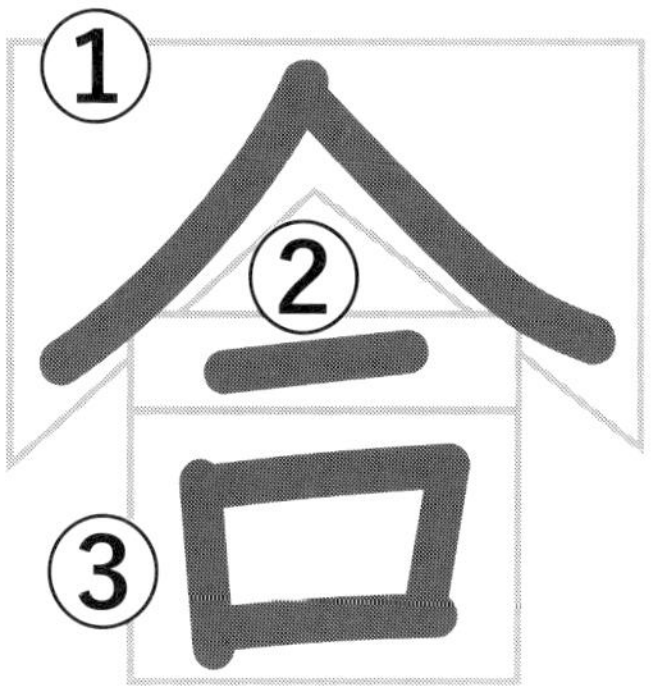

◆あ－う、あ－わす、あ－わせる

●ゴウ、ガッ、カッ

両《りょう》手《て》がぴったりと合（あ）う。

お墓《はか》に手《て》を合（あ）わす。

呼《こ》吸《きゅう》を合（あ）わせる。

合同（ごう どう）練《れん》習《しゅう》

高《こう》校《こう》に合格（ごう かく）する。

合算（がっ さん）
＝いっしょに合《あ》わせて計《けい》算《さん》すること。

合戦（かっ せん）ゲーム

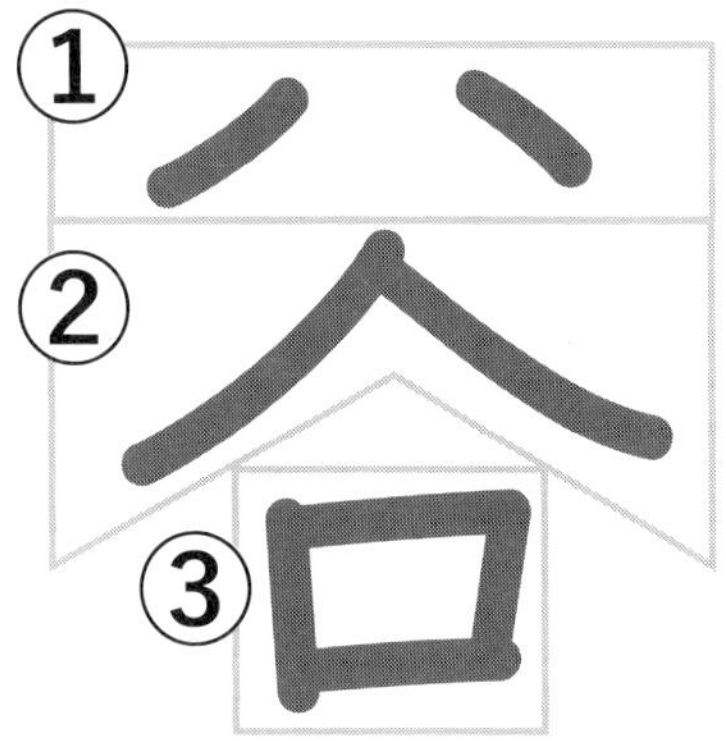

谷

◆たに
コク

●ビルの谷間（たにま）
けい谷（こく）を訪《おとず》れる。
けい谷《こく》＝山《やま》にはさまれた、川《かわ》のある所《ところ》。

国

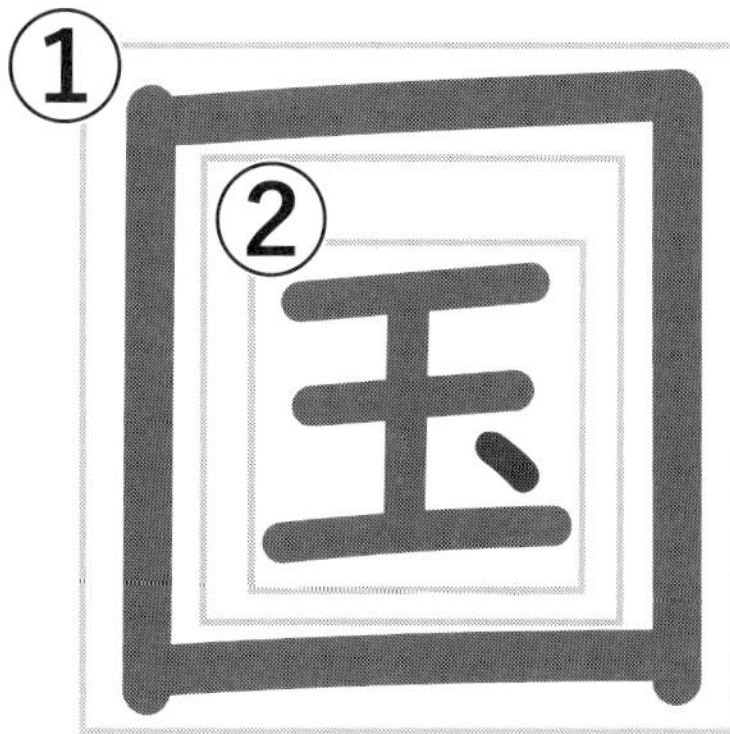

◆くに

コク

●世界《せかい》の国（くに）の名前《なまえ》を覚《おぼ》える。

全国（ぜんこく）

① 里
② 灬

黒

◆くろ－い、くろ
コク
●黒（くろ）い服《ふく》
黒（くろ）ネコ
黒板（こくばん）

今

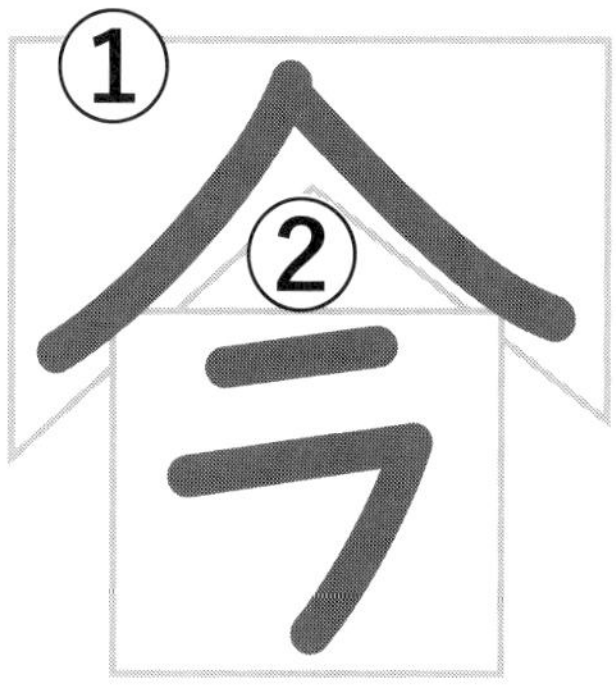

◆いま

コン、キン

●今（いま）、何時《なんじ》ですか。

今回（こんかい）

今週（こんしゅう）

古今（こきん）（ここん）

＝昔《むかし》と今《いま》。

才

才

生《う》まれつきの能力《のうりょく》

◆サイ

―

●才能（さいのう）

天才（てんさい）的《てき》なピアニスト

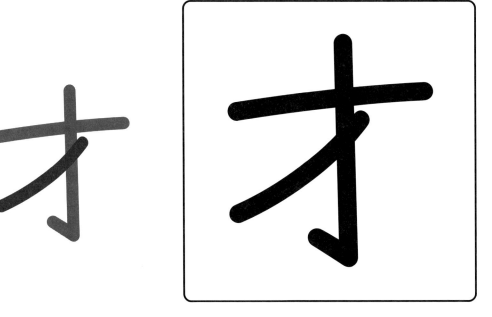

細

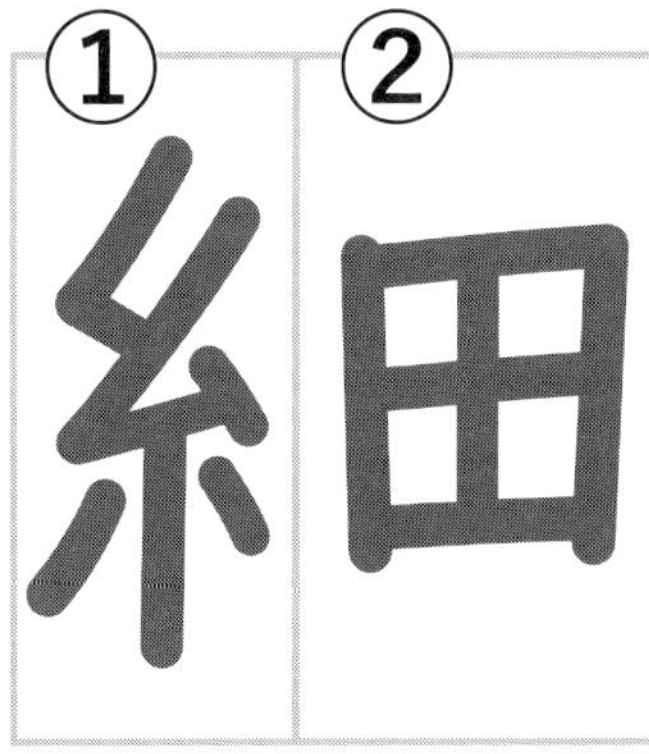

◆ほそ-い、ほそ-る
こま-か、こま-かい
サイ

●細（ほそ）い道《みち》
水《みず》不《ぶ》足《そく》で川《かわ》はばが細（ほそ）る。
細（こま）かい作業《さぎょう》
細工（さいく）

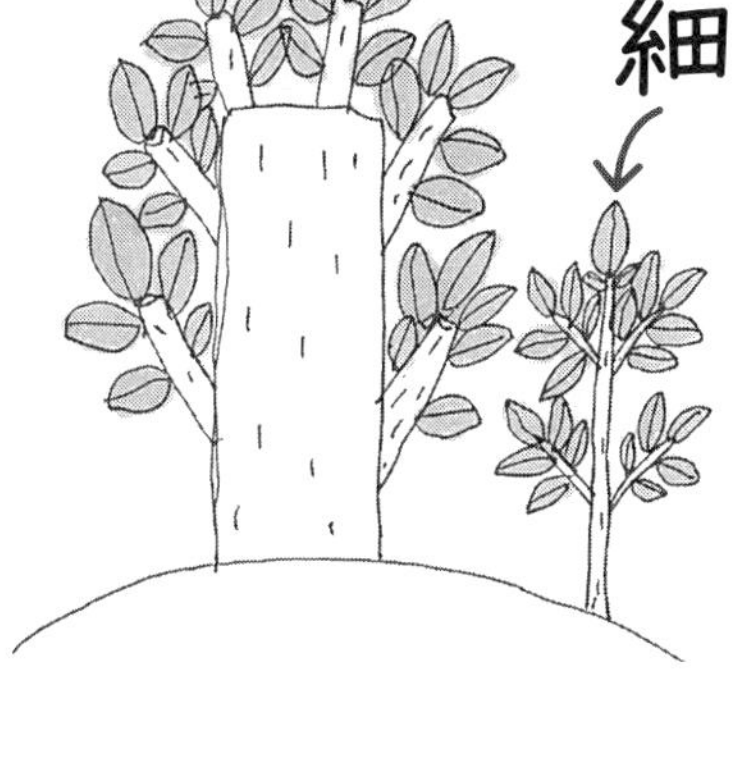

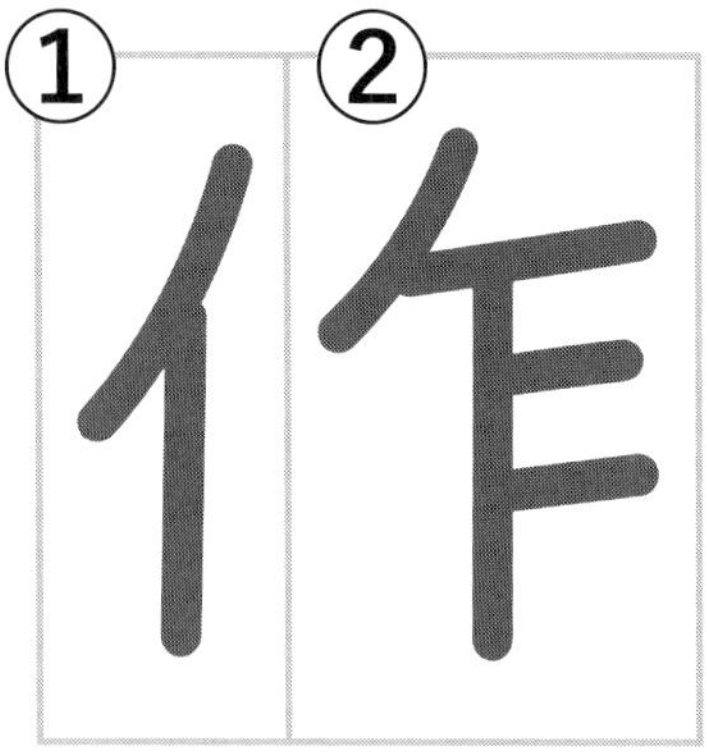

作

◆つくーる
サク、サ

●ご飯《はん》を作（つく）る。
作文（さくぶん）
同《おな》じ動作（どうさ）をくりかえす。

算

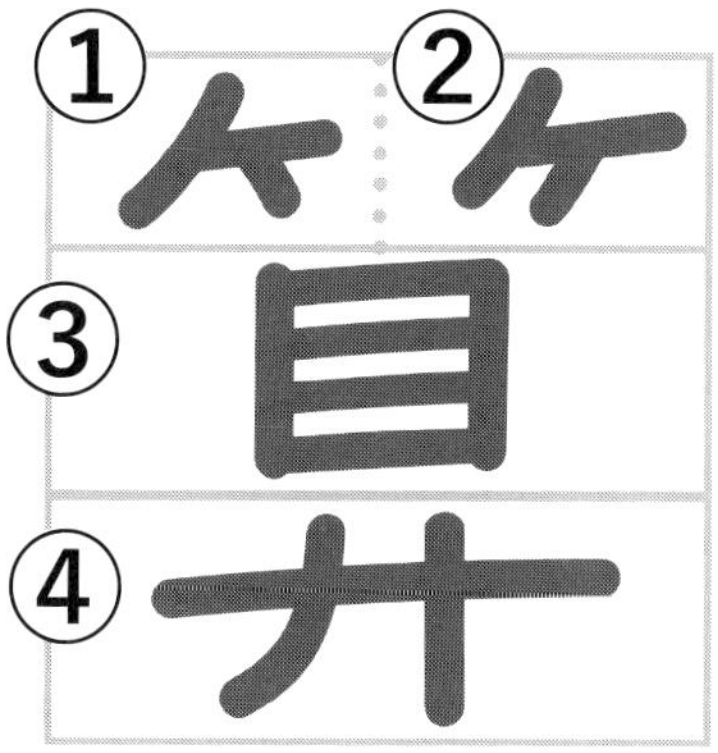

◆ —

サン

● 計算（けいさん）

算数（さんすう）の問題《もんだい》

数《かぞ》える

止

◆と－まる、と－める
シ
●電車《でんしゃ》が止（と）まる。
タクシーを止（と）める。
中止（ちゅうし）

市

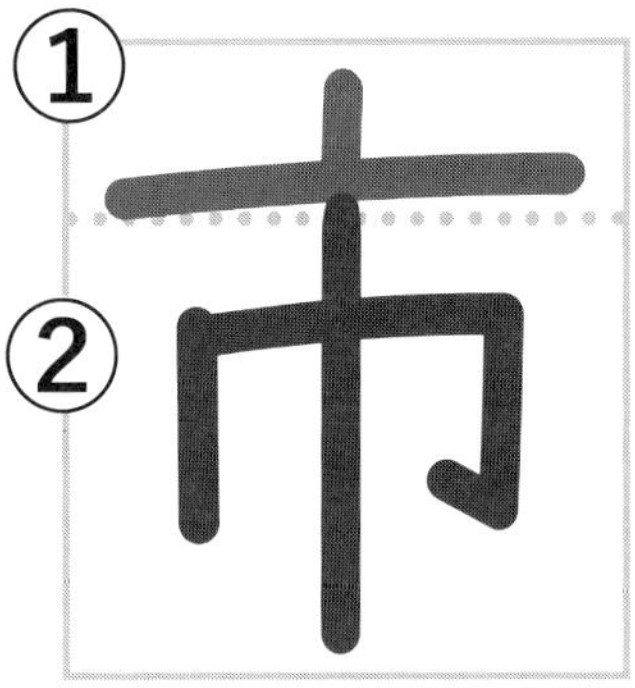

◆いち

シ

●市場（いちば）で買《か》い物《もの》をする。

市民（しみん）

市役所（しやくしょ）

矢

◆や

●シ

矢印（やじるし）

一矢（いっし）を報《むく》いる。

＝自分《じぶん》に向《む》けられた攻撃《こうげき》に対して、少《すこ》しでもやり返《かえ》すこと。

姉

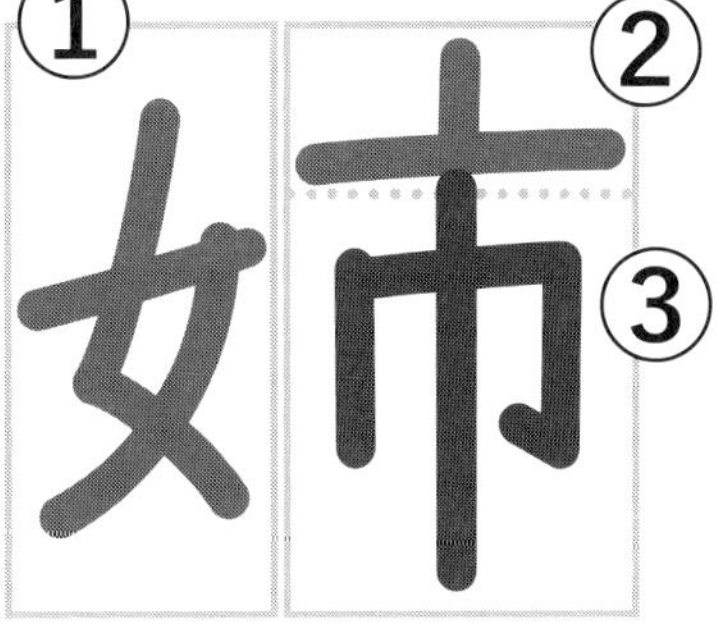

◆あね
シ
●姉（あね）の写真《しゃしん》
姉妹（しまい）

思

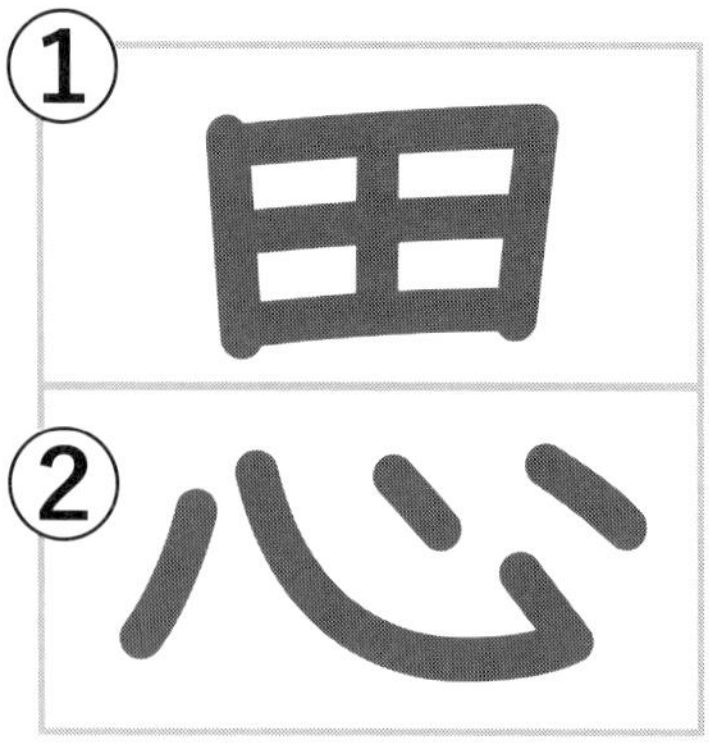

◆おも－う

シ

●その通《とお》りだと思（おも）う。
意思（いし）を伝《つた》える。

紙

◆かみ

●シ

白《しろ》い紙（かみ）

和紙（わし）

画用紙（がようし）

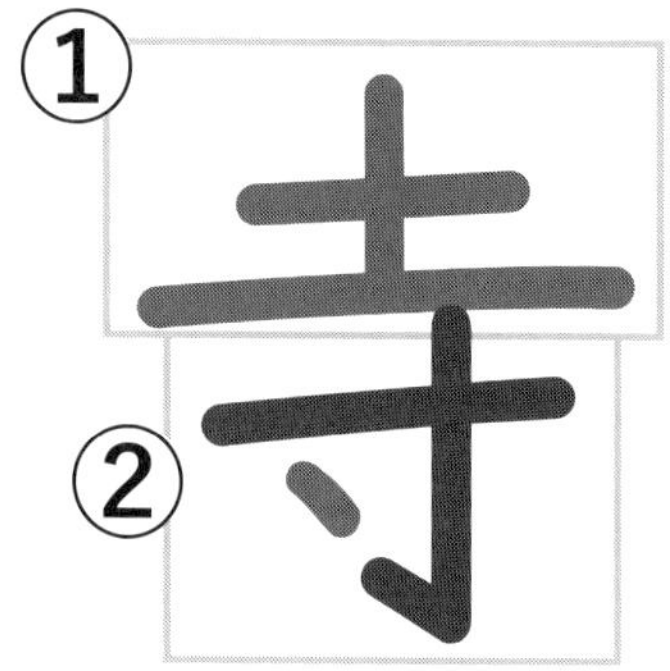

寺

◆てら

ジ

●古《ふる》いお寺（てら）

寺院（じいん）

自

自

◆みずか－ら

ジ、シ

●自（みずか）ら考《かんが》えて行動《こうどう》する。

自分（じぶん）

自然（しぜん）を大切《たいせつ》にする。

自然＝海《うみ》・山《やま》・川《かわ》・草《くさ》・木《き》・虫《むし》・動物《どうぶつ》などのこと。

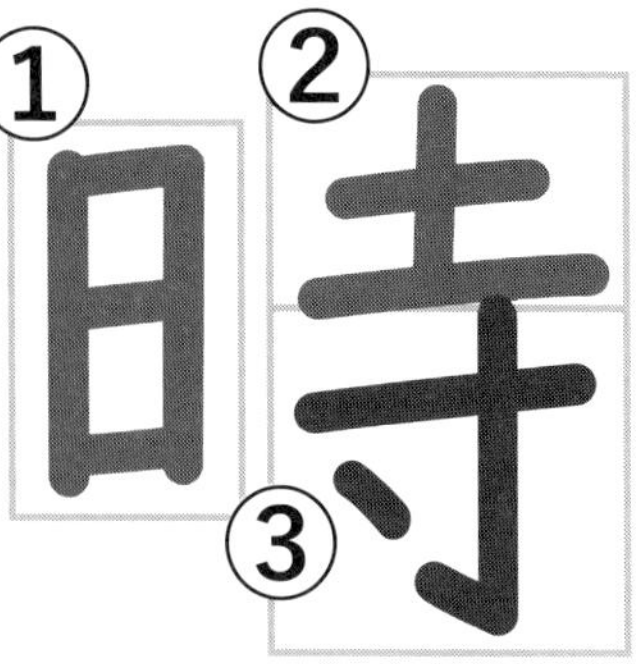

時

◆とき

ジ

●時（とき）が過《す》ぎる。

時間（じかん）

室

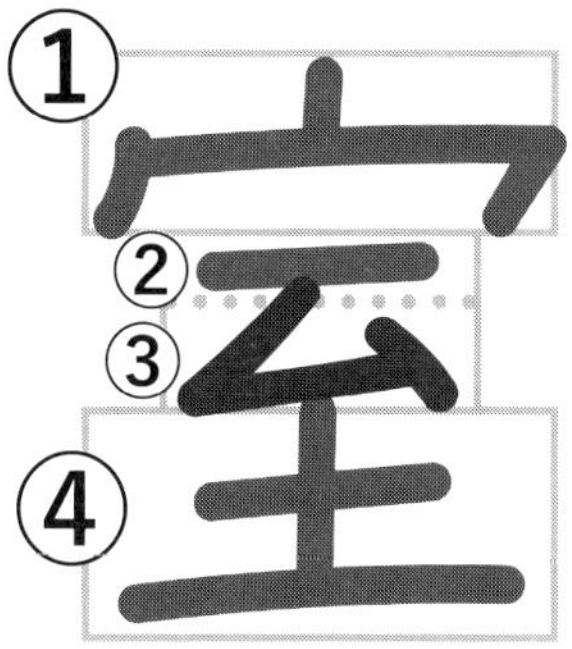

◆むろ

シツ

●室町（むろ　まち）時《じ》代《だい》

教室（きょう　しつ）に入《はい》る。

待合室（まち　あい　しつ）

部《へ》屋《や》

社

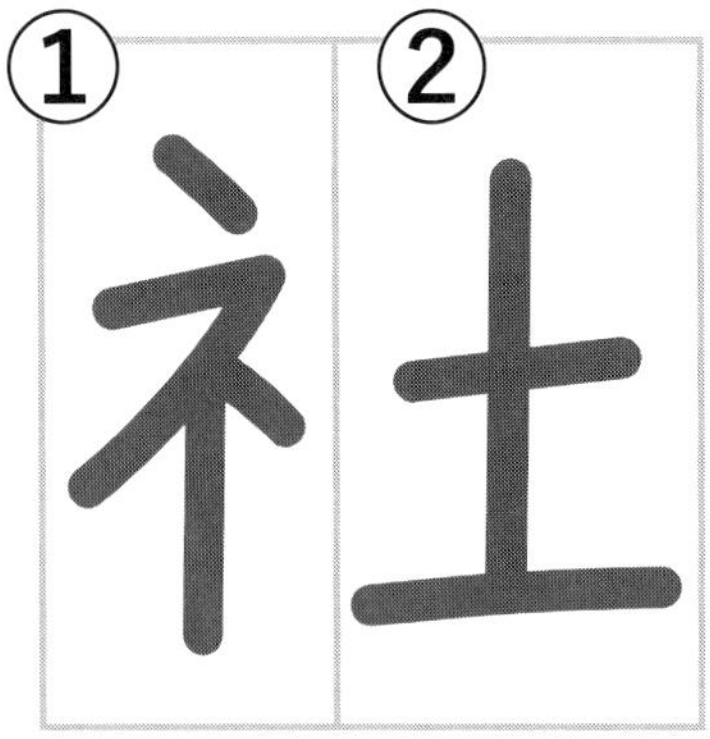

神《かみ》をまつるところ

◆やしろ
シャ

●森《もり》の中《なか》に社（やしろ）がある。
社会（しゃかい）

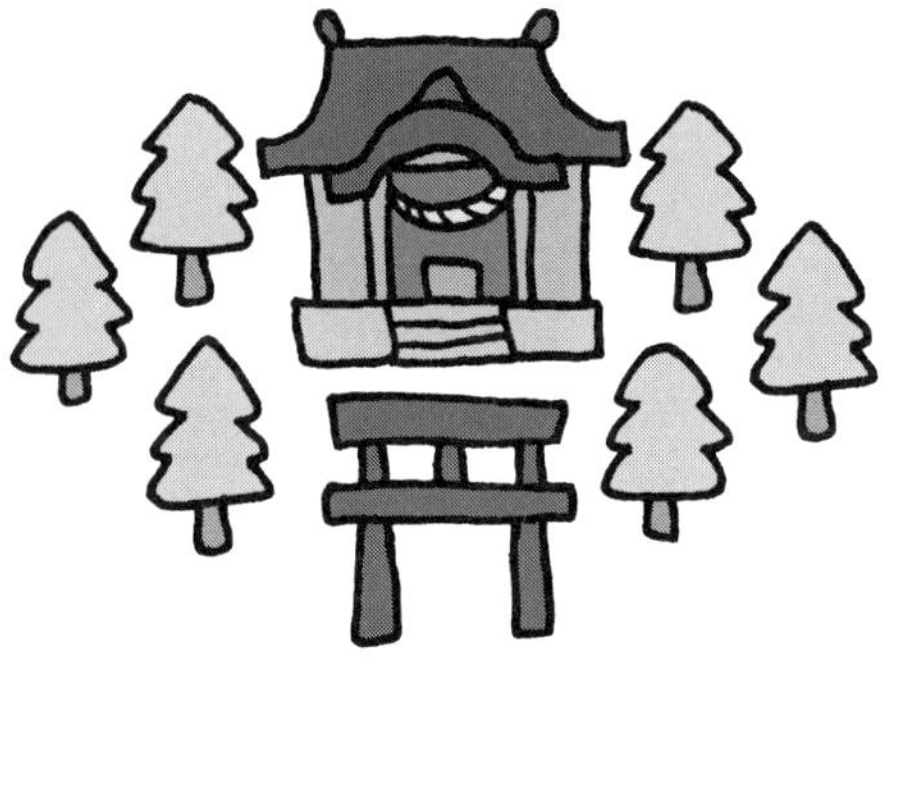

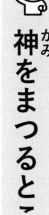

弱

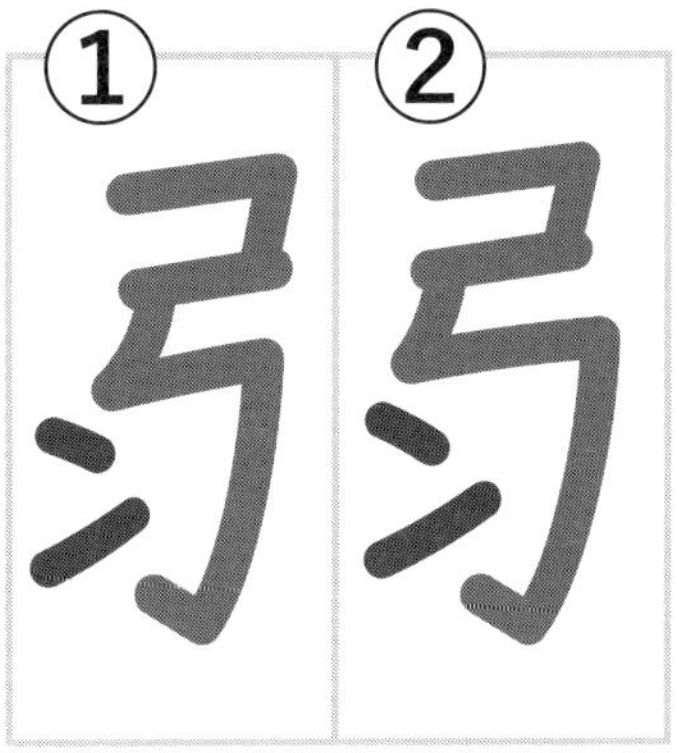

◆よわ－い、よわ－る
よわ－まる、よわ－める
ジャク

●弱（よわ）い風《かぜ》
病気で体《からだ》が弱（よわ）る。
雨《あめ》が弱（よわ）まる。
コンロの火《ひ》を弱（よわ）める。
弱点（じゃく　てん）
＝不十分《ふじゅうぶん》なところ。弱《よわ》み。
強弱（きょう　じゃく）

首

◆くび
シュ

●キリンの首（くび）は長《なが》い。
レースで首位（しゅい）に立《た》つ。

首位＝順位《じゅんい》の一番上《いちばんうえ》。一位《いちい》。

秋

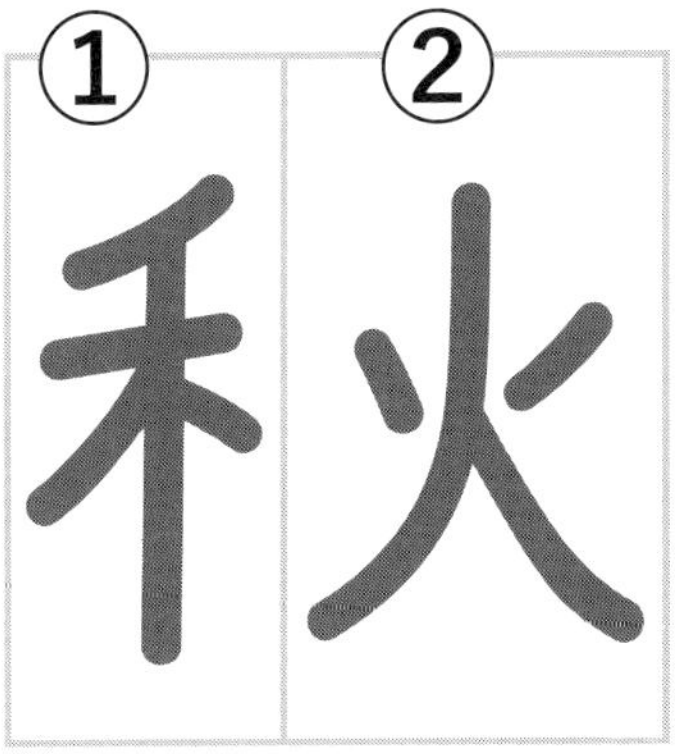

◆あき
シュウ

●秋風（あき かぜ）

秋分（しゅう ぶん）の日《ひ》
＝国民《こくみん》の祝日《しゅくじつ》。9月《がつ》23日《にち》ごろ。昼《ひる》の長《なが》さと夜《よる》の長《なが》さが同《おな》じになる。

週

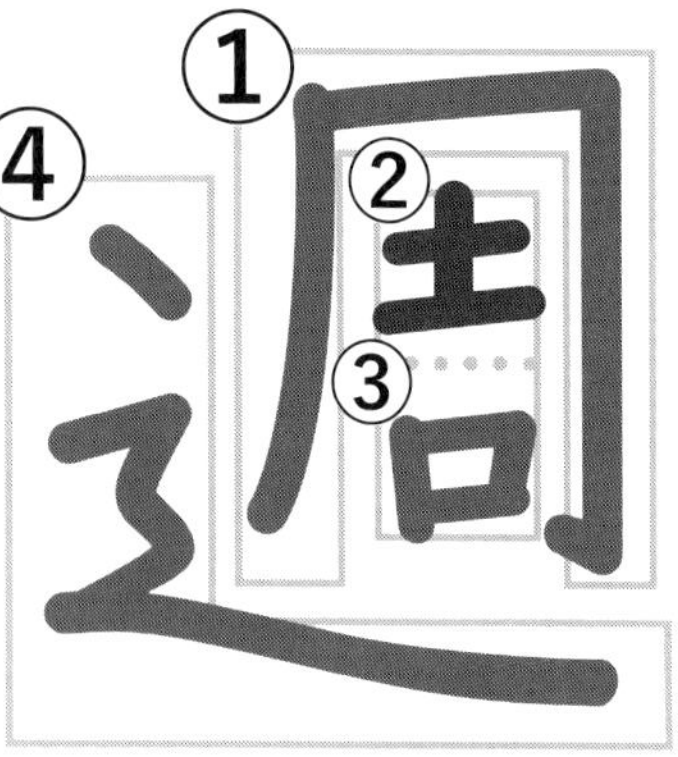

カレンダーで七日《なのか》のひとまとまり

◆ —
シュウ

● 一週間（いっしゅうかん）
今週（こんしゅう）
来週（らいしゅう）
週末（しゅうまつ）の予定《よてい》

春

◆はる
シュン

●春（はる）が来《く》る。
春夏秋冬（しゅん　か　しゅう　とう）
青春（せい　しゅん）時代《じだい》
＝年《とし》の若《わか》く元気《げんき》な時代《じだい》。

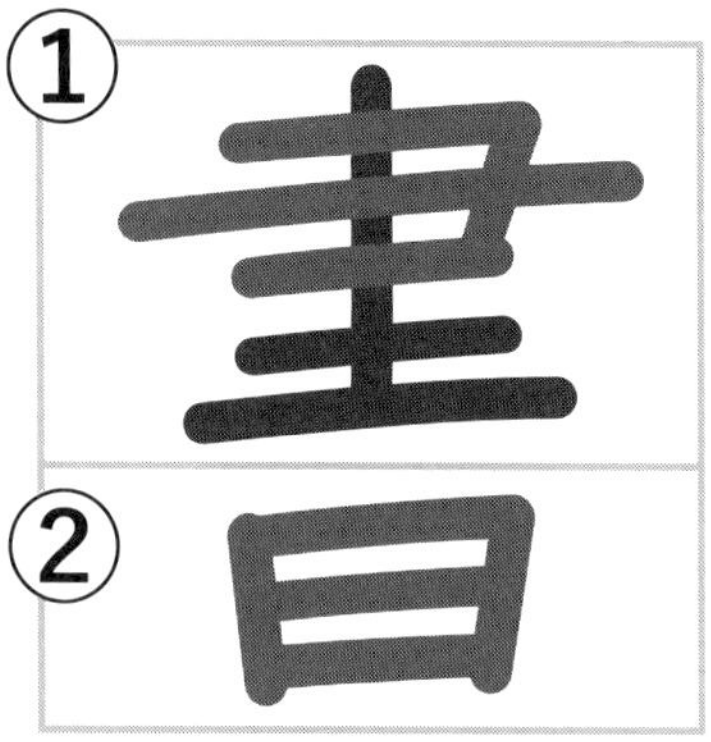

書

◆かーく

ショ

●作文《さくぶん》を書（か）く。

書店（しょ てん）＝本屋《ほんや》

書道（しょ どう）

少

◆すく－ない、すこ－し

ショウ

●少（すく）ない数《かず》

少（すこ）し大《おお》きい。

少年（しょう ねん）

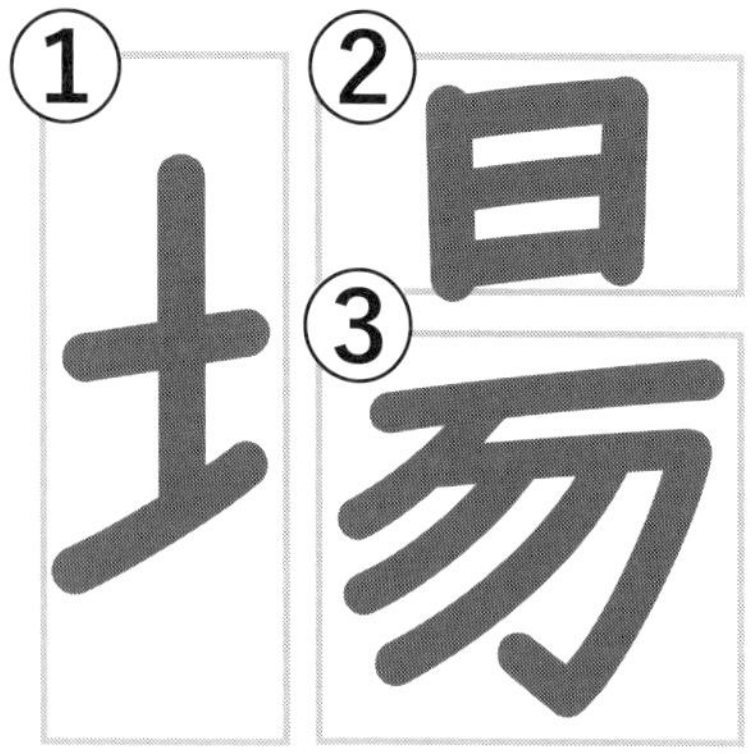

場

◆ば
ジョウ

●広《ひろ》い場所（ばしょ）に移《うつ》る。
雨《あめ》の場合（ばあい）は遠足《えんそく》を中止《ちゅうし》する。
体育館《たいいくかん》が会場（かいじょう）だ。

色

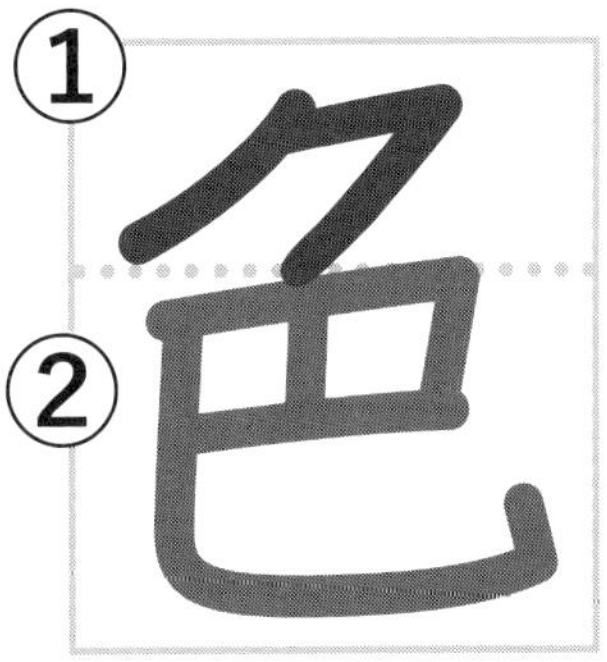

◆いろ
ショク、シキ

●色（いろ）をぬる。
特色（とくしょく）のある学校《がっこう》
色素（しきそ）
＝ものに色《いろ》をあたえるもとになる成分《せいぶん》

食

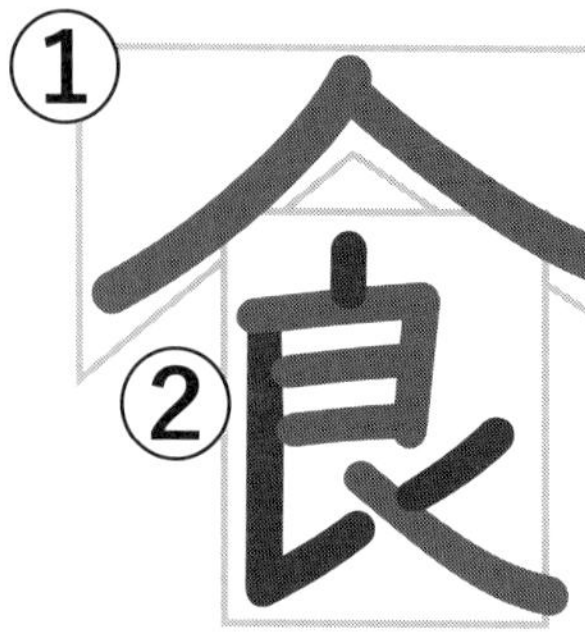

◆た－べる
く－う、く－らう
ショク、ジキ

●おやつを食（た）べる。
飯《めし》を食（く）う。
パンチを食（く）らう。
食事（しょくじ）
飲食店（いんしょくてん）
断食（だんじき）
＝一定《いってい》の期間《きかん》、食《た》べ物《もの》を食《た》べないこと。

心

◆こころ

シン

●心（こころ）のこもったプレゼント

心配（しんぱい）ない。

親《おや》を安心（あんしん）させる。

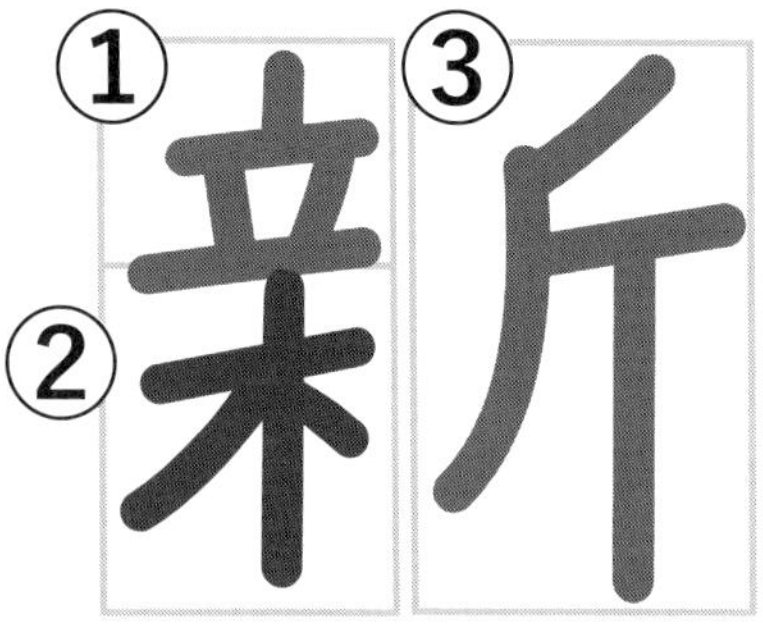

新

◆あたら－しい

あら－た、**にい**

シン

●新（あたら）しい服《ふく》

新（あら）たな発見《はっけん》

新入生（しんにゅうせい）

親

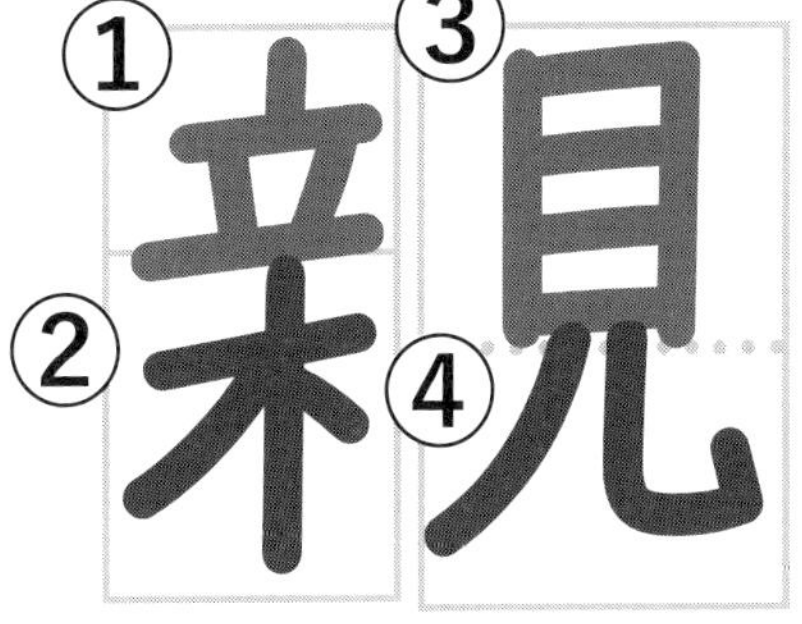

◆おや、したーしい、したーしむ

シン

●親子（おや　こ）

親（した）しい関係《かんけい》

読書《どくしょ》に親（した）しむ。

親切（しん　せつ）

図

◆はか－る

ズ、ト

●コミュニケーションを図（はか）る。

図画（ずが）

地図（ちず）

図書館（としょかん）

数

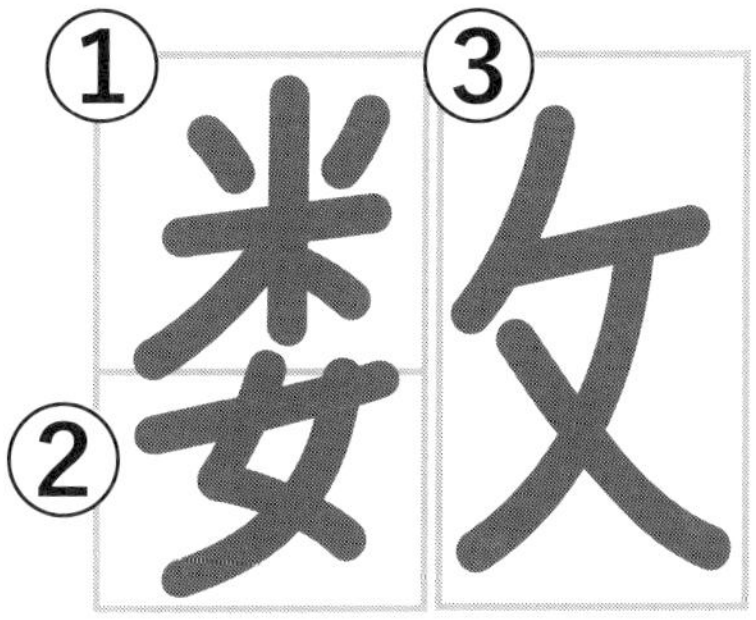

◆かず、かぞ－える
スウ、ス

●大《おお》きな数（かず）
百《ひゃく》まで数（かぞ）える。
数字（すうじ）

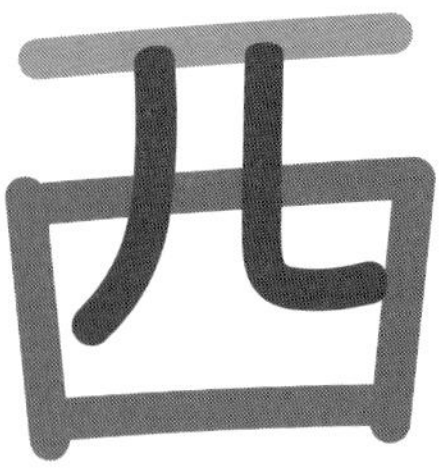

西

◆にし

●セイ、サイ

西（にし）に向《む》かう。

○○県《けん》西部（せいぶ）で強《つよ》い雨《あめ》が降《ふ》るおそれがある。

関西（かんさい）

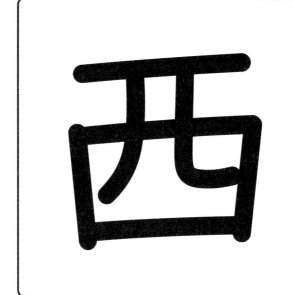

声

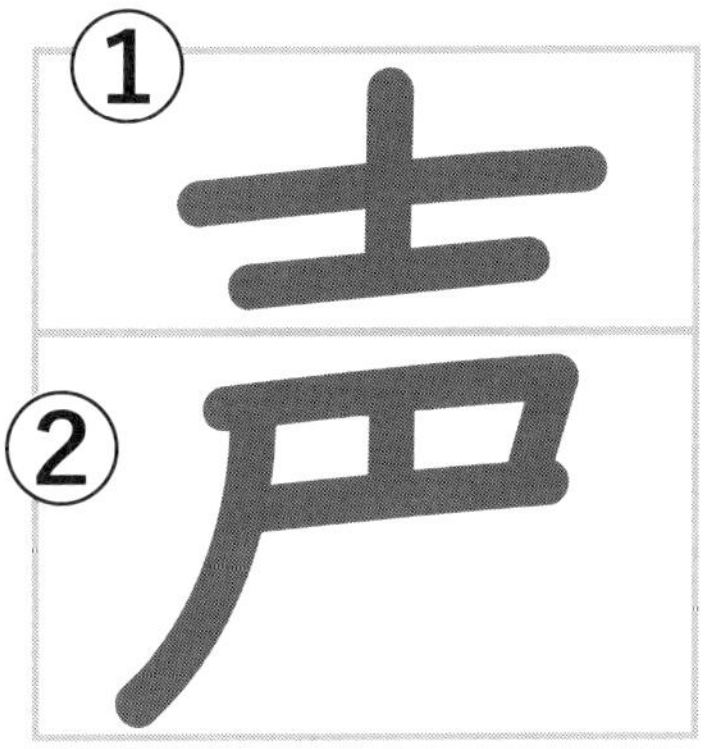

◆こえ、こわ

セイ、ショウ

●鳥《とり》の声（こえ）

声色（こわ いろ）＝声《こえ》のひびきや様子《ようす》。

音声（おん せい）データ

星

① 日
② 生

◆ほし

セイ、ショウ

●空《そら》にかがやく星（ほし）

星座（せいざ）

明《あ》けの明星（みょうじょう）＊

＝明《あ》け方《がた》（夜《よる》の明《あ》けようとするころ）、東《ひがし》の空《そら》に見《み》える金星《きんせい》

晴

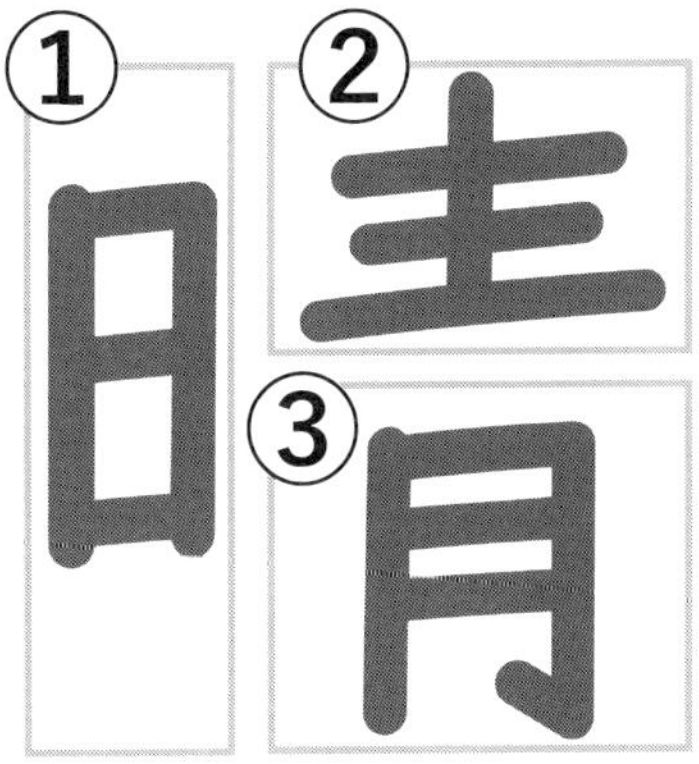

◆は－れる、は－らす

セイ

●明日《あした》は晴（は）れるだろう。

疑《うたが》いを晴（は）らす。

＝無実《むじつ》であることを証明《しょうめい》すること。

晴天（せい　てん）

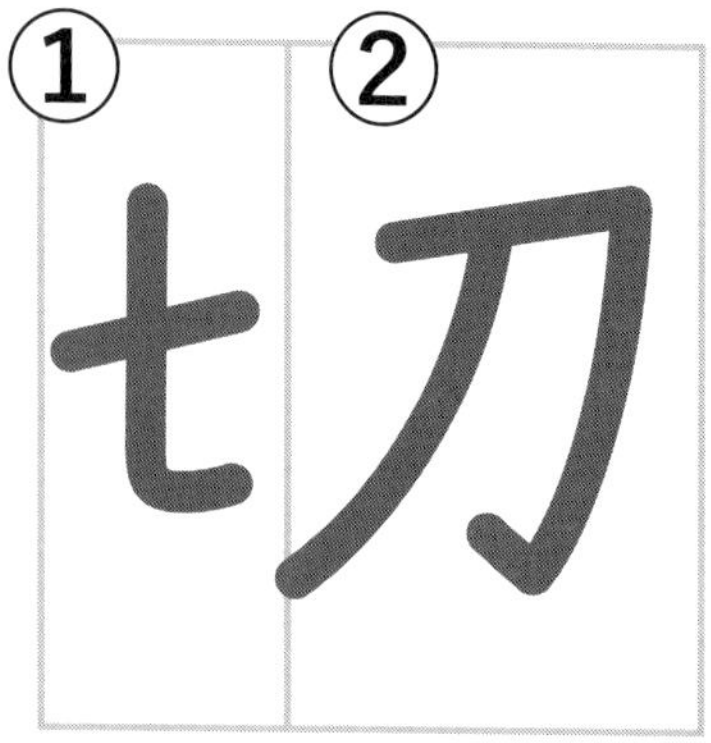

切

◆きーる、きーれる

セツ、サイ

●電話《でんわ》を切（き）る。

糸《いと》が切（き）れる。

大切（たいせつ）

そうした事実《じじつ》は一切（いっさい）ない。

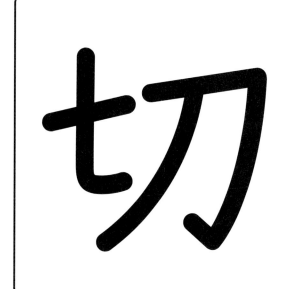

雪

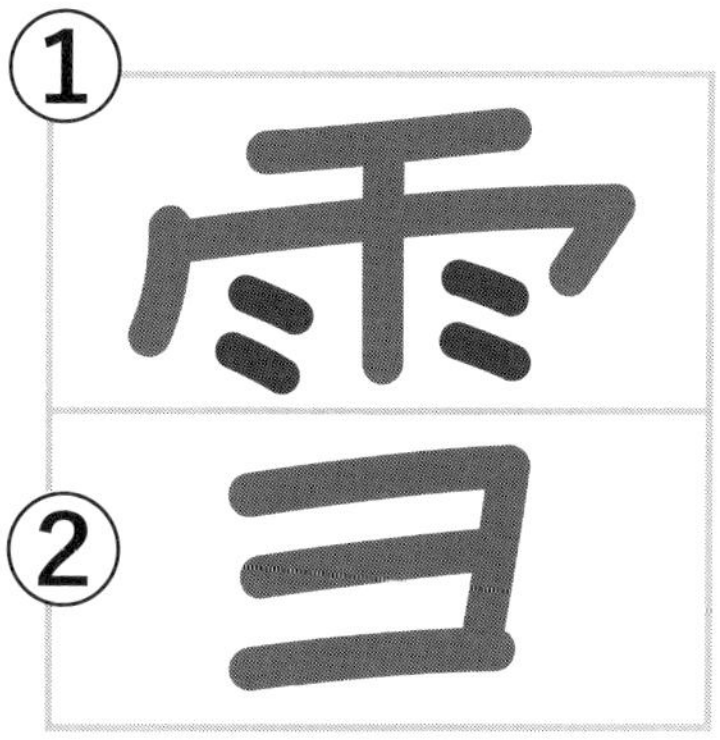

◆ゆき
セツ

●雪（ゆき）が降《ふ》る。
積雪（せき　せつ）
＝降《ふ》り積《つ》もった雪《ゆき》。

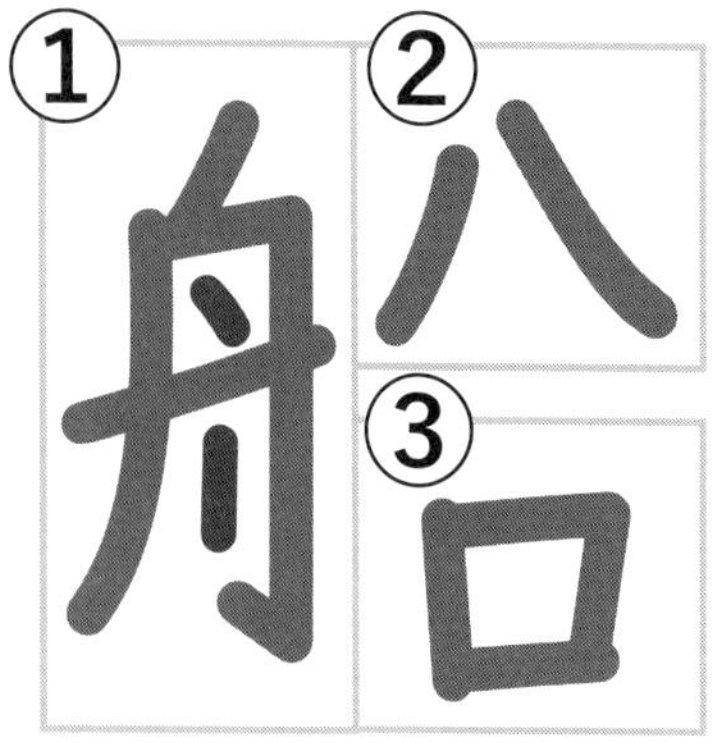

船

◆ふね、ふな

●セン

船（ふね）の旅《たび》

船（ふな）乗《の》り

客船（きゃくせん）

線

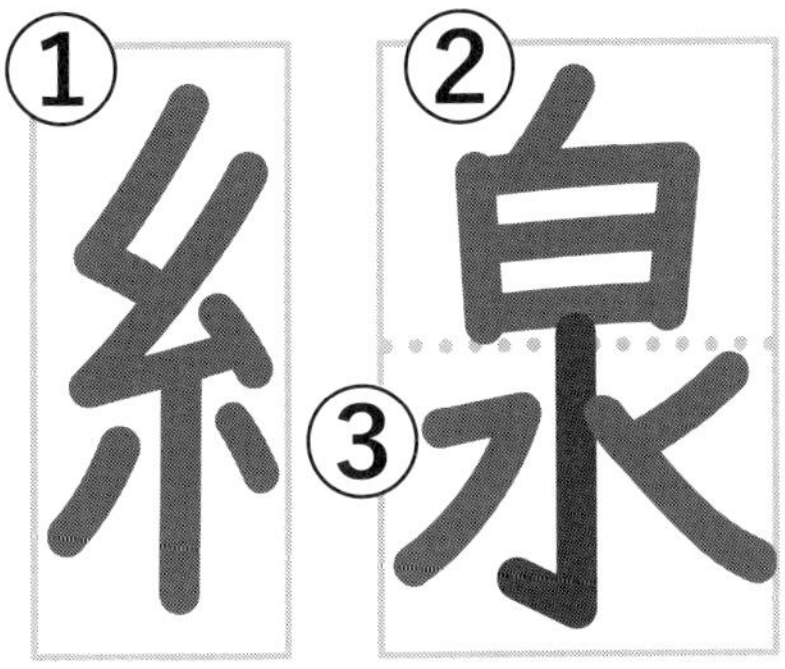

◆ —

● セン

線路（せん ろ）

三番《さんばん》線（せん）ホームに電車《でんしゃ》が来《く》る。

太《ふと》い線（せん）を引《ひ》く。

糸《いと》のように細長《ほそなが》いもの

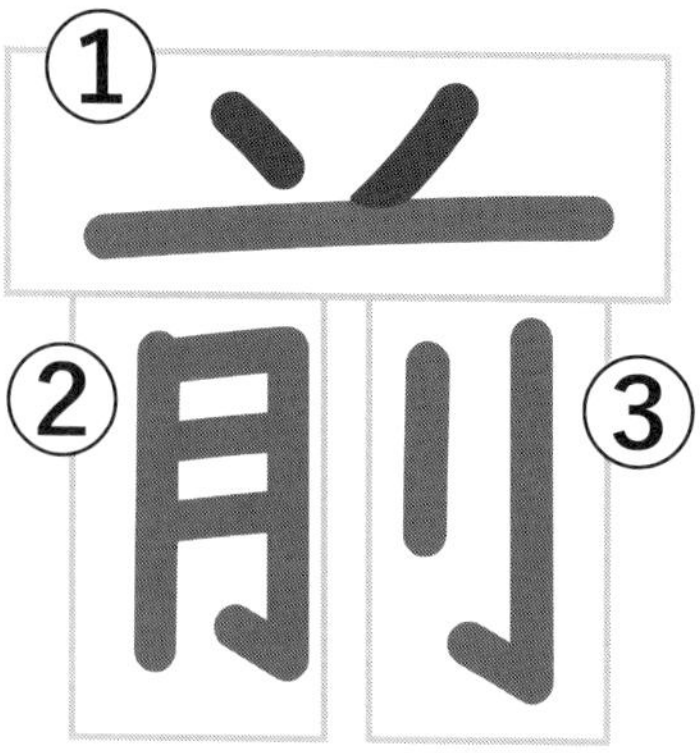

前

◆まえ
ゼン
●前（まえ）に進《すす》む。
前後（ぜんご）
前回（ぜんかい）

組

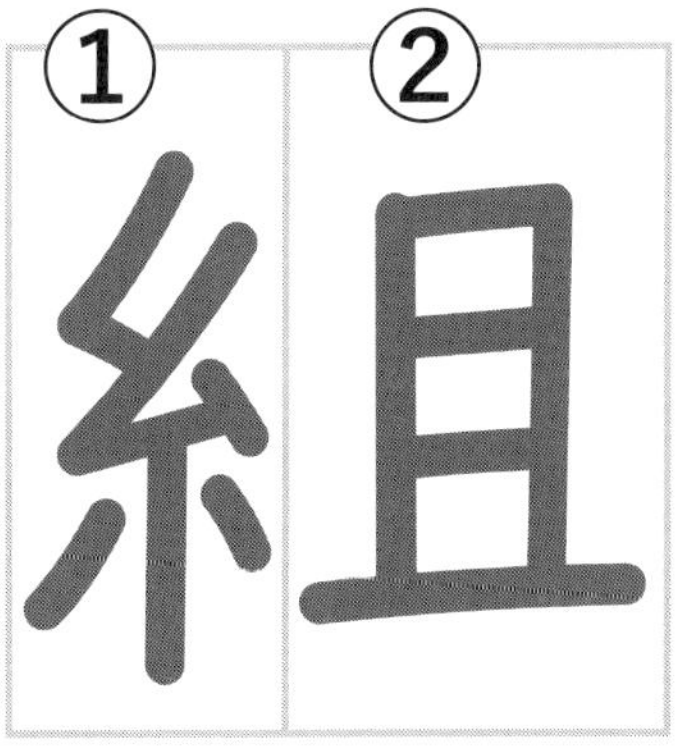

◆く－む、くみ

ソ

●うでを組（く）む。

二年《にねん》一組（いちくみ）

組織（そしき）

＝一《ひと》つのまとまりとして組《く》み立《た》てられたもの。

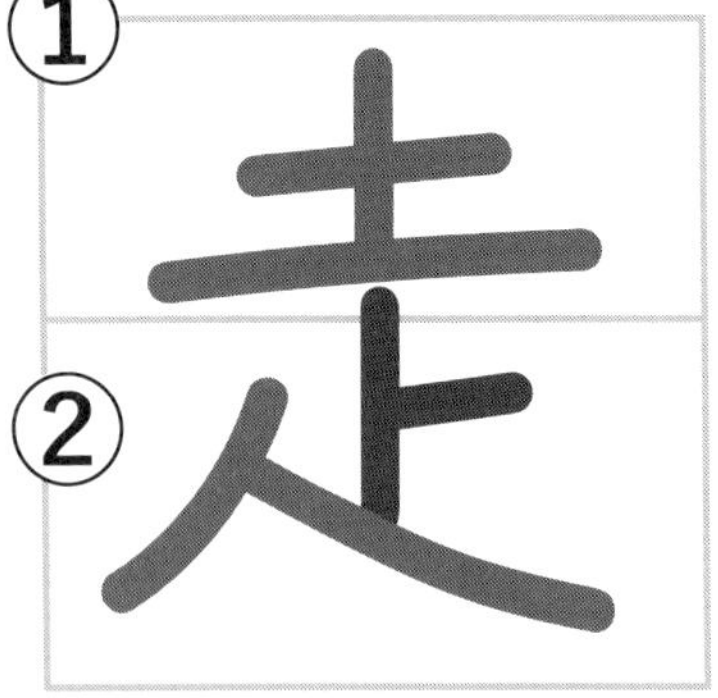

走

◆はし－る
●ソウ
50メートルを走（はし）る。
力走（りきそう）＝力《ちから》のかぎり走《はし》ること。
走者（そうしゃ）

多

タ＋タ

◆おお－い

タ

●一組《いちくみ》より二組《にくみ》の人数《にんずう》が多（おお）い。

多数（たすう）参加《さんか》する。

英語《えいご》に多少（たしょう）興味《きょうみ》がある。

太

太

◆ふと－い、ふと－る

タ、タイ

●太（ふと）い線《せん》

たくさん食《た》べて太（ふと）る。

丸太（まるた）

太陽（たいよう）

体

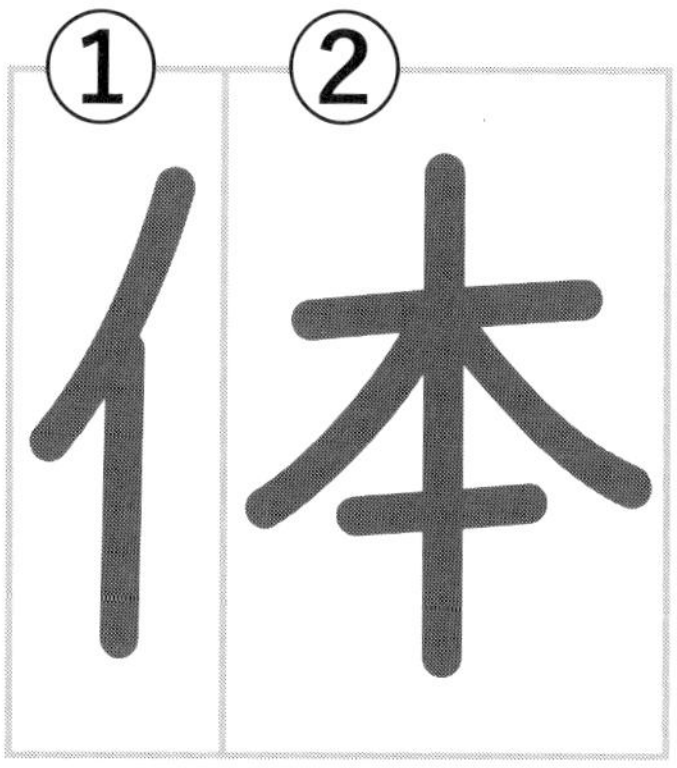

◆からだ

タイ、テイ

●健康《けんこう》な体（からだ）

体育（たいいく）

体裁（ていさい）を気《き》にする。

体裁＝外《そと》から見《み》た感《かん》じ。外見《がいけん》。

①
②

台

高《たか》いところ

◆――

ダイ、タイ

●高台（たかだい）にある家《いえ》

三台（さんだい）のバス

台風（たいふう）

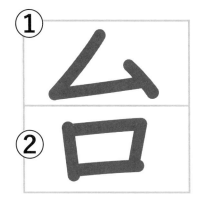

地

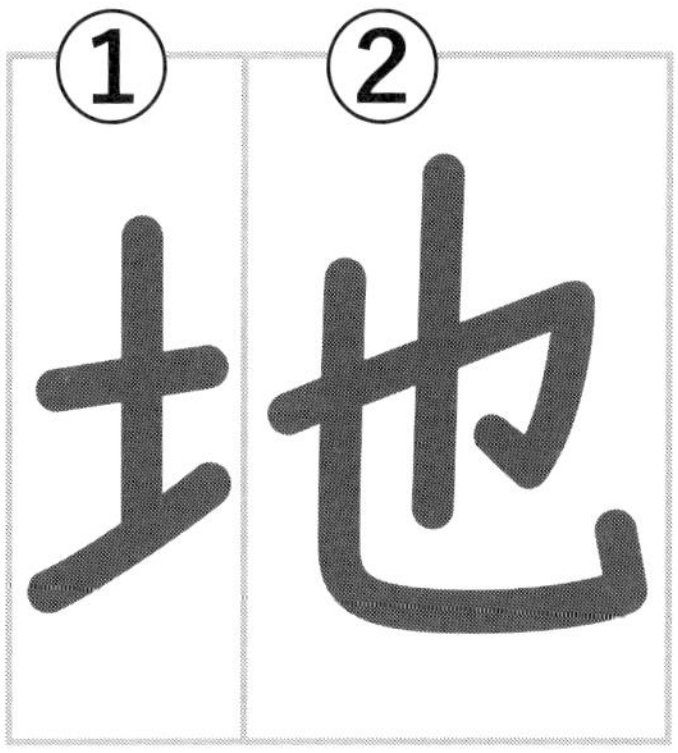

◆ ――

チ、ジ

● 広《ひろ》い土地（とち）

地球（ちきゅう）

地面（じめん）

日本《にほん》は地（じ）しんが多《おお》い。

広《ひろ》がる大地《だいち》

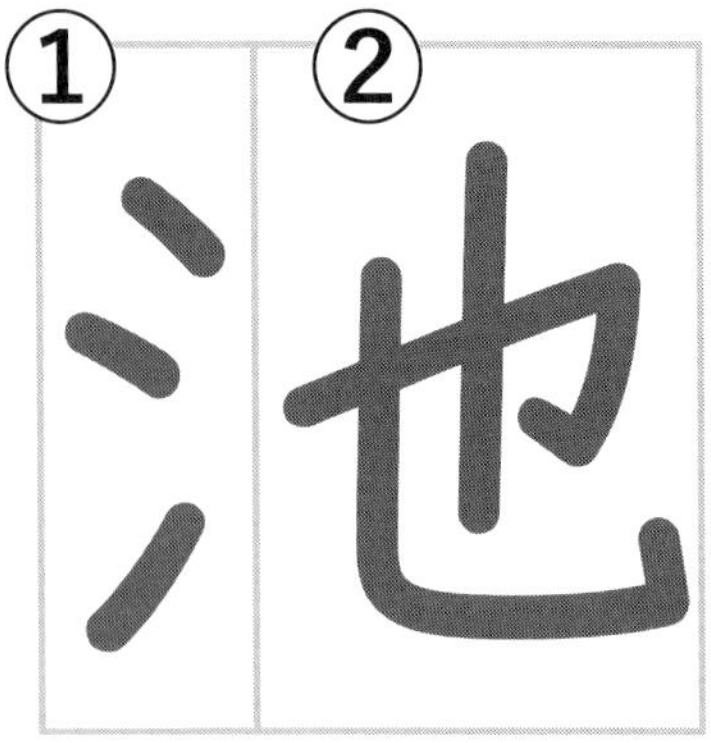

池

◆いけ

チ

●ため池（いけ）

電池（でんち）

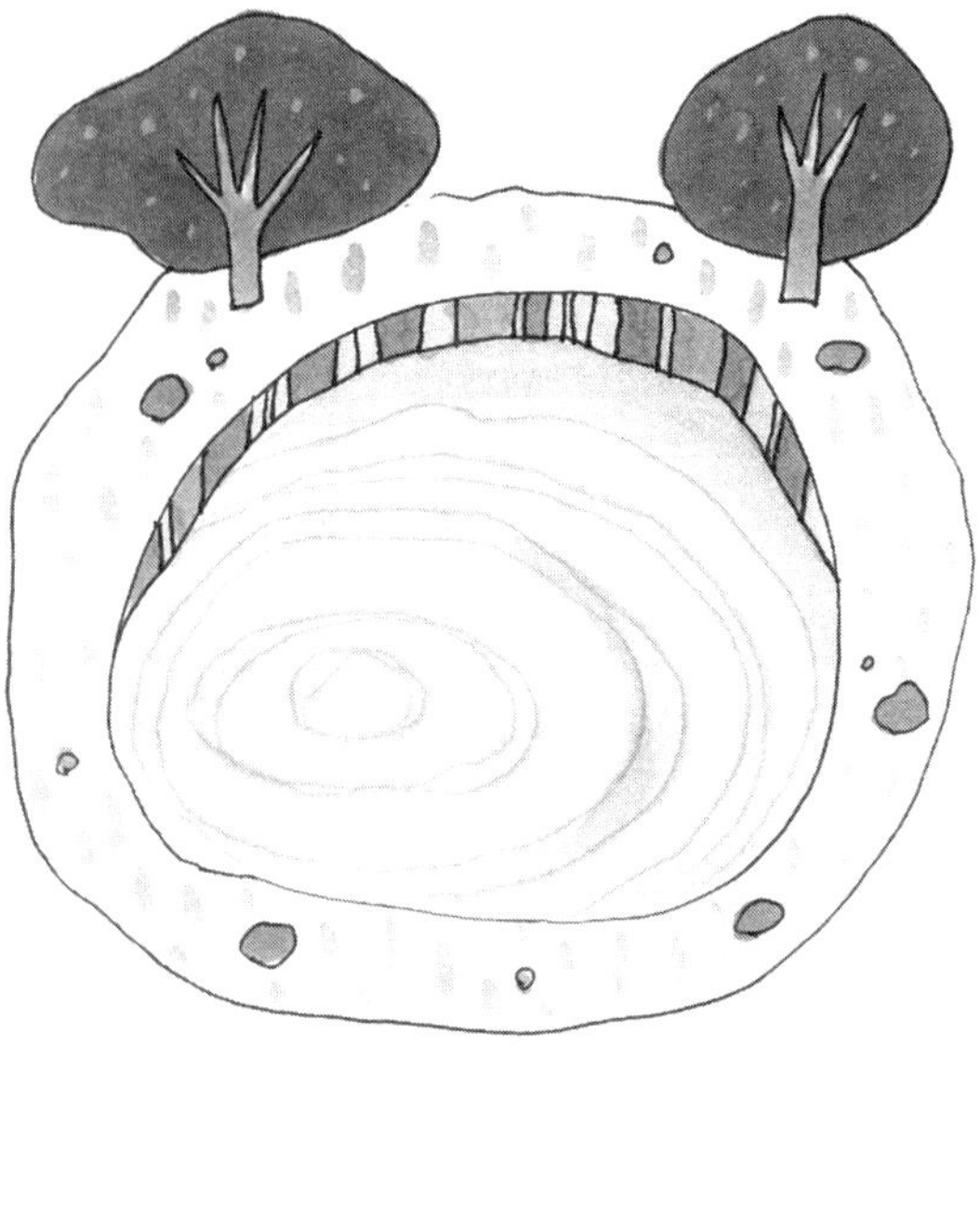

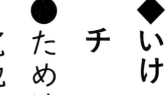

知

①知②

◆し－る

チ

●本当《ほんとう》のことを知（し）る。

知識（ちしき）

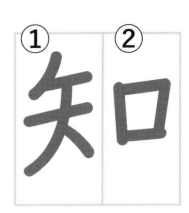

茶

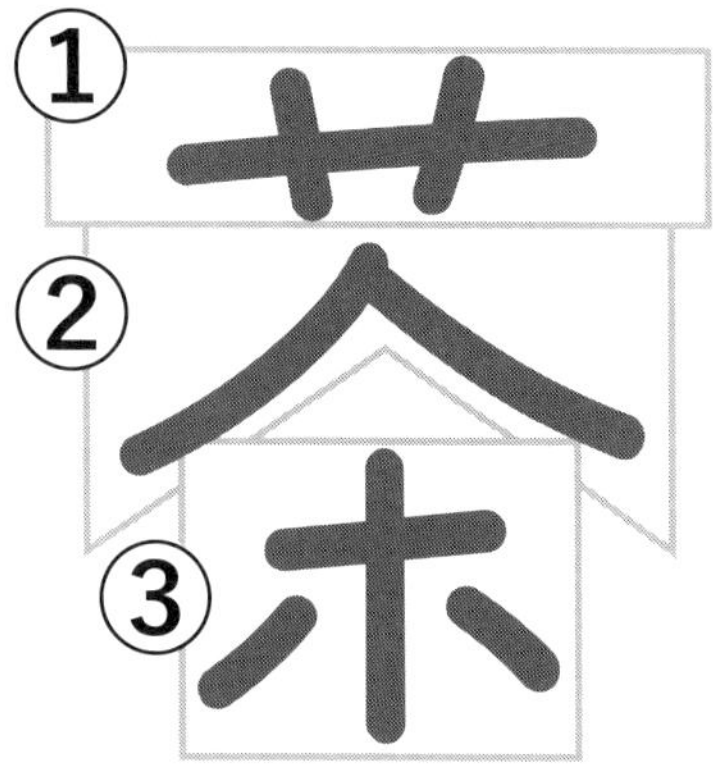

にがみのある植物《しょくぶつ》

◆ ―― チャ、サ

● お茶（ちゃ）を飲む。

茶色（ちゃいろ）

茶道（さどう）

昼

◆ひる
チュウ

●昼（ひる）休《やす》み
昼食（ちゅう しょく）

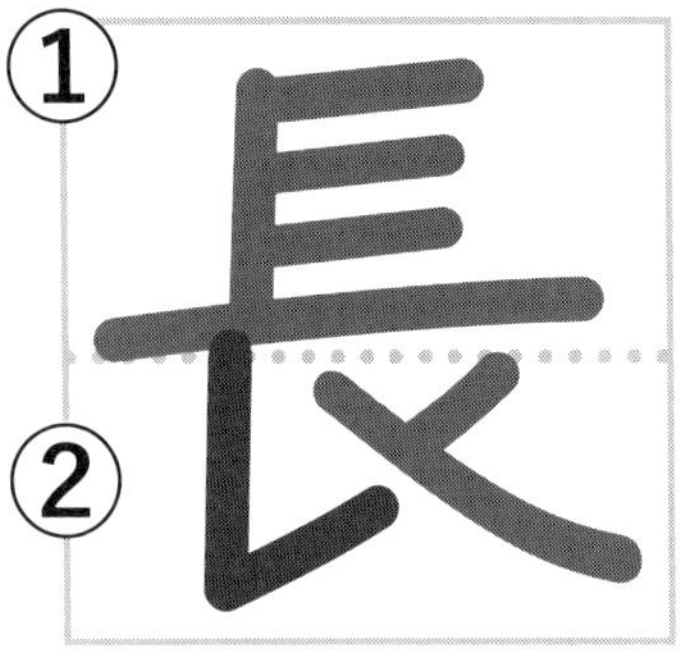

長

◆なが－い

チョウ

●長（ながい）い時《じ》間《かん》

長所（ちょう しょ）

＝すぐれているところ。よい点《てん》。

鳥

◆とり
チョウ

●鳥（とり）の観察《かんさつ》
鳥類（ちょうるい）＝鳥《とり》のなかま。
白鳥（はくちょう）

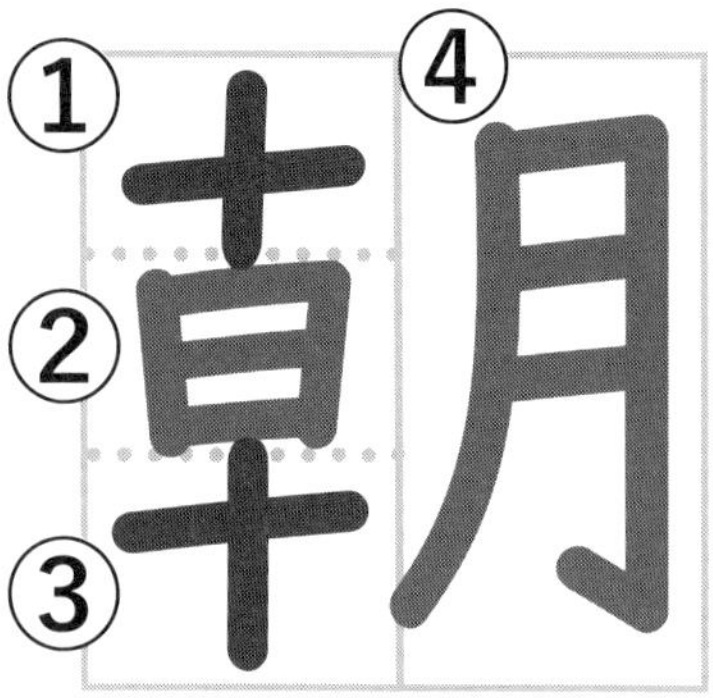

朝

◆あさ

チョウ

●寒《さむ》い朝（あさ）

朝礼（ちょう　れい）

直

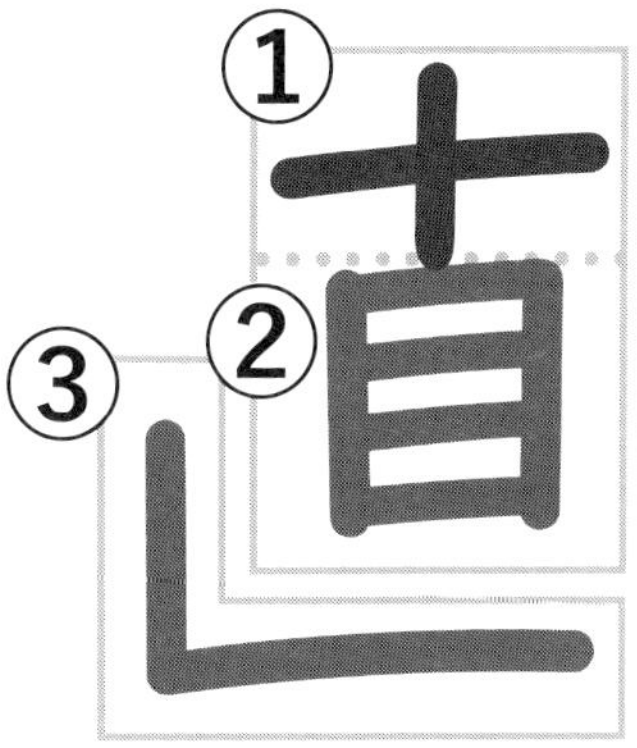

◆なお－す、なお－る
ただ－ちに
チョク、ジキ

●こわれた機械《きかい》を直（なお）す。
きげんが直（なお）る。
直（ただ）ちに出発《しゅっぱつ》する。
直線（ちょく　せん）
正直（しょう　じき）な人《ひと》

通

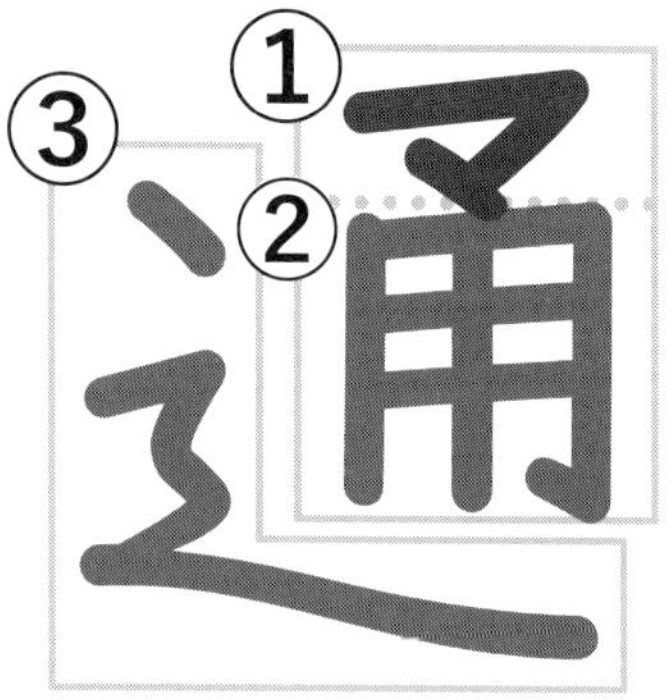

◆とおーる、とおーす
かよーう
ツウ、ツ

●店《みせ》の前《まえ》を通（とお）る。
針《はり》に糸《いと》を通（とお）す。
学校《がっこう》に通（かよ）う。

通路（つうろ）＝とおりみち。

通夜（つや）
＝家族《かぞく》や友人《ゆうじん》など、亡《な》くなった人《ひと》と親《した》しい人《ひと》
が集《あつ》まり、最期《さいご》の夜《よる》を過《す》ごす行事《ぎょうじ》のこと。

弟

◆おとうと

テイ、ダイ、デ

●一番下《いちばんした》の弟（おとうと）

師弟（してい）＝先生《せんせい》と弟子《でし》。

兄弟（きょうだい）

弟子（でし）＝先生《せんせい》から教《おし》えを受《う》ける人《ひと》。

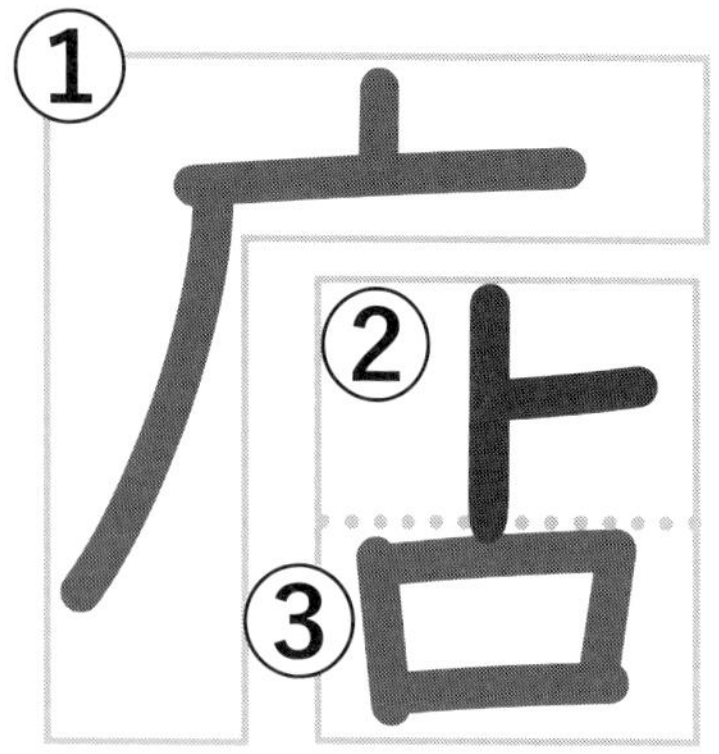

店

◆みせ

テン

●新《あたら》しくできた店（みせ）

商店（しょう　てん）

店員（てん　いん）

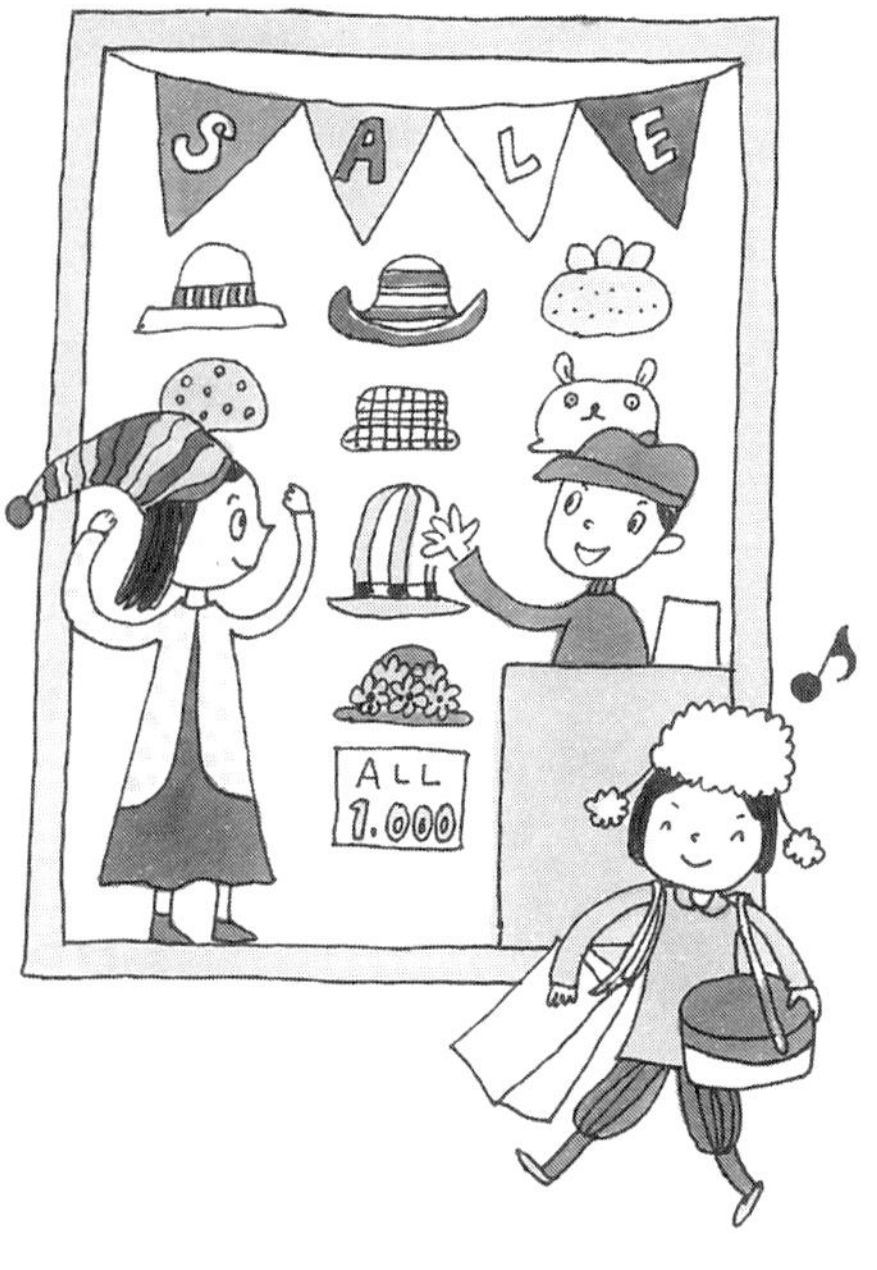

点

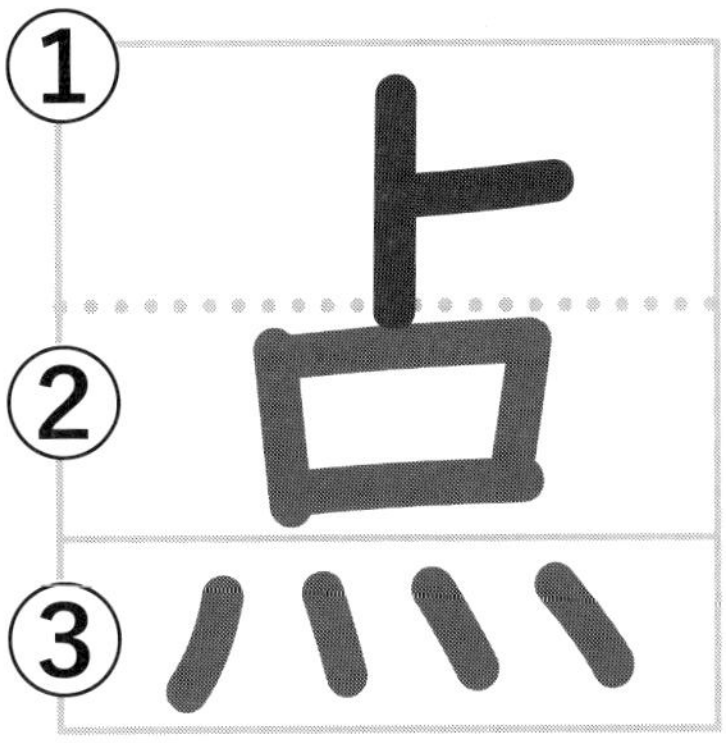

◆ —

● テン

点線（てんせん）

点数（てんすう）

点（てん）と点（てん）をつなぐ。

小《ちい》さな黒《くろ》い印《しるし》

電

いなびかり

◆ ——

デン

●電気（でんき）

母《はは》に電話（でんわ）する。

刀

◆かたな

トウ

●武士《ぶし》の刀（かたな）

名刀（めいとう）＝すぐれた刀《かたな》。

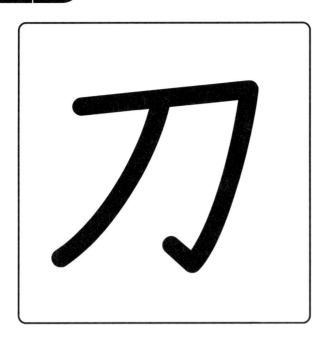

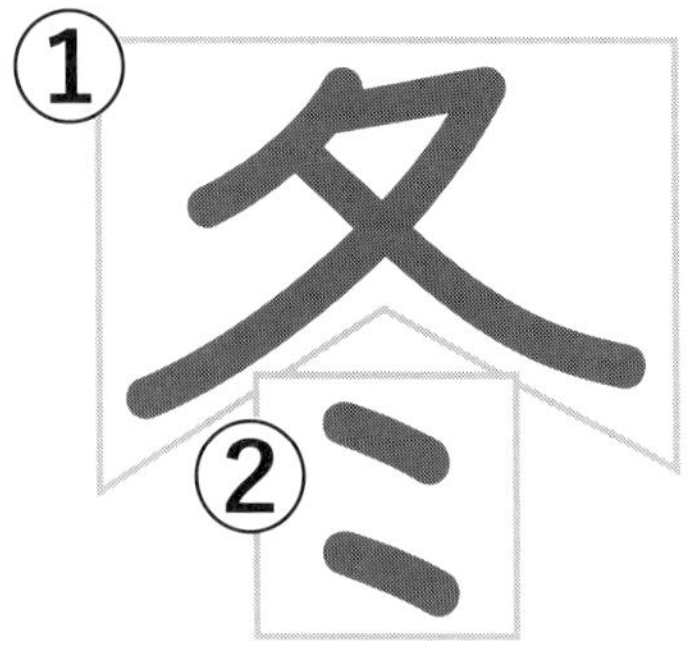

冬

◆ふゆ
トウ

●冬（ふゆ）が近《ちか》づく。

冬期（とうき）講習《こうしゅう》

暖冬（だんとう）

＝ふつうの年《とし》に比《くら》べて気温《きおん》が高《たか》い冬《ふゆ》。

当

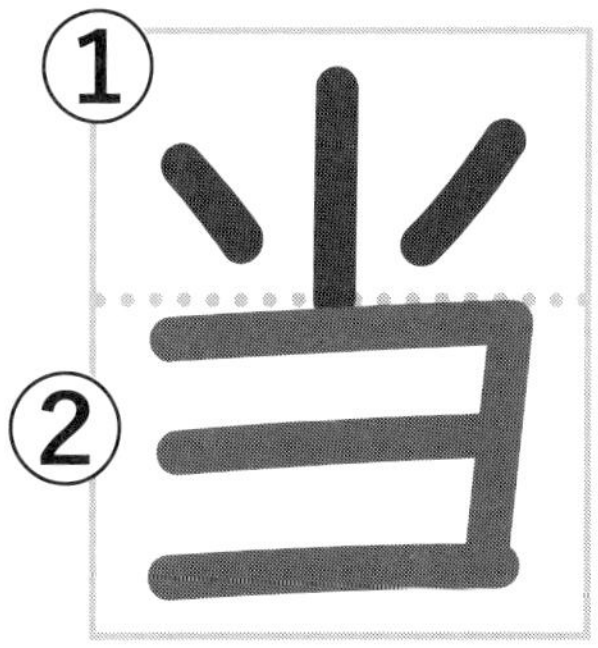

◆あ-たる、あ-てる
トウ

●光《ひかり》が当（あ）たる。
ボールを的《まと》に当（あ）てる。
宝《たから》くじに当選（とう せん）する。

東

東

◆ひがし

トウ

●太陽《たいよう》は東（ひがし）からのぼる。

東西南北（とう ざい なん ぼく）

答

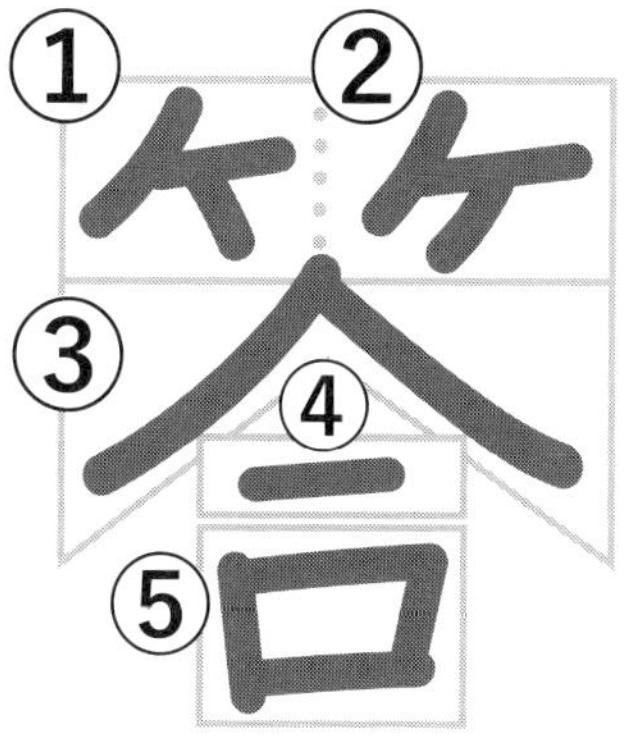

◆**こた**ーえる、**こた**ーえ
トウ

●質問《しつもん》に答（こた）える。
計算《けいさん》の答（こた）えを求《もと》める。
答案（とうあん）用紙《ようし》

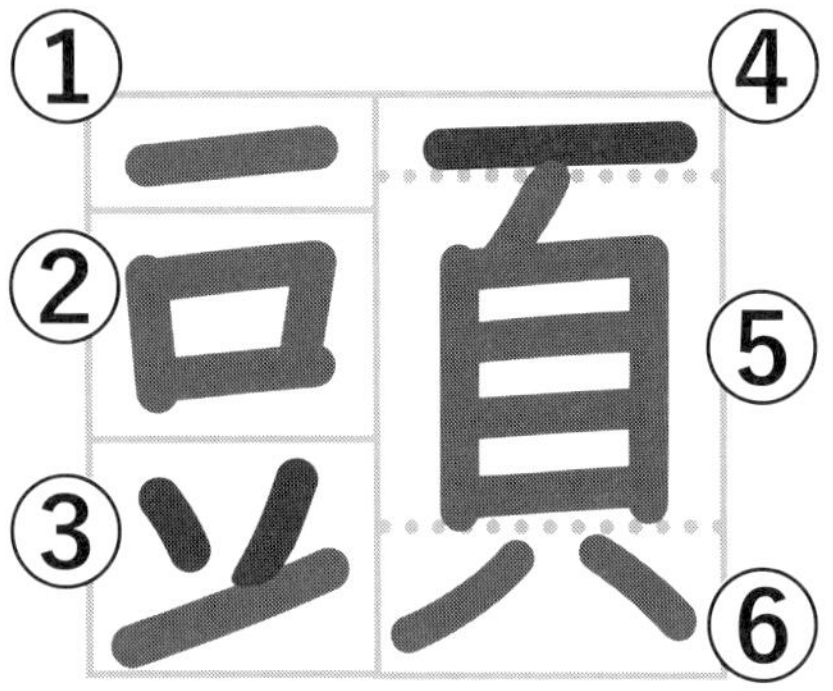

頭

◆あたま、かしら
トウ、ズ、ト

●頭（あたま）が痛《いた》い。

頭文字（かしら もじ）
＝単語《たんご》、文章《ぶんしょう》などの最初《さいしょ》の一文字《ひともじ》。

口頭（こう とう）
＝直接《ちょくせつ》、口《くち》で言《い》うこと。

頭脳（ず のう）のすぐれている人《ひと》

同

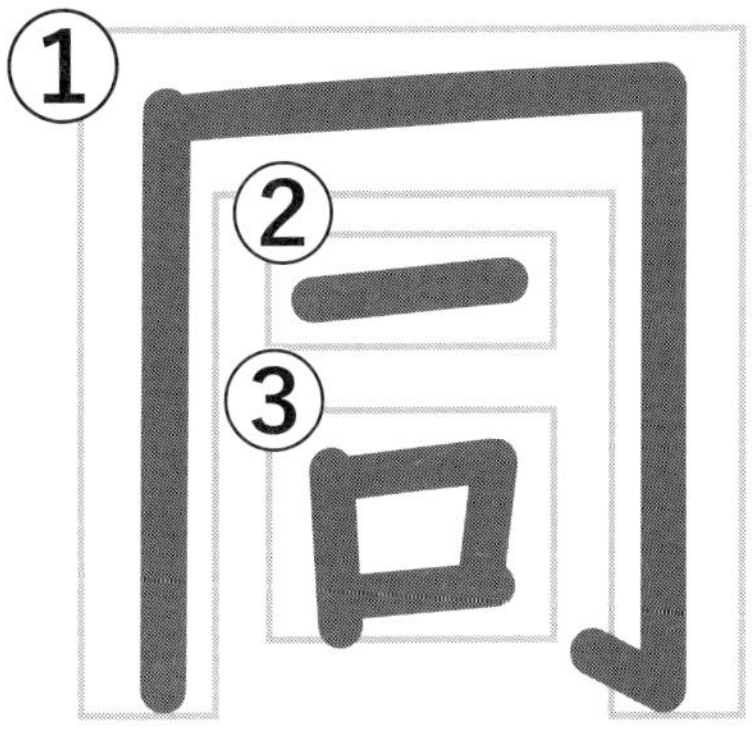

◆おな－じ
ドウ

●同（おな）じクラスの友《とも》だち

合同（ごうどう）でイベントを開《ひら》く。

同時（どうじ）に二《ふた》つのことをする。

道

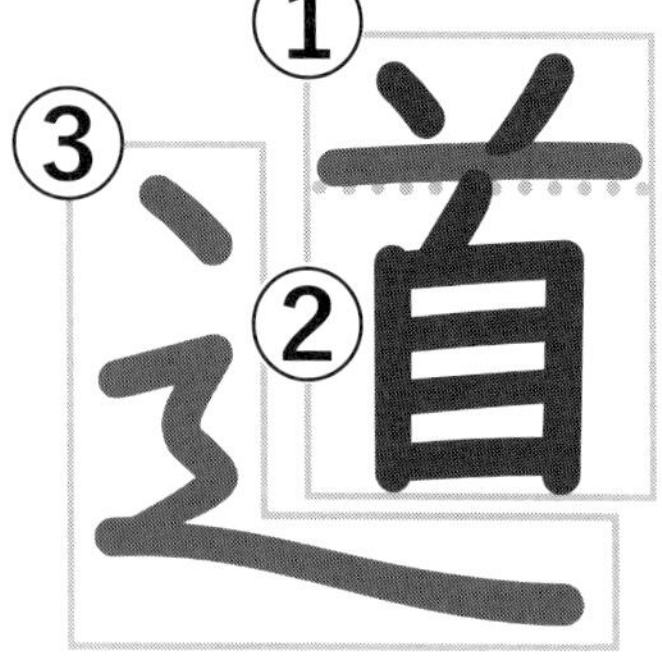

◆みち

ドウ、トウ

●まっすぐな道（みち）

道路（どうろ）

神道（しんとう）

＝あらゆる自然物《しぜんぶつ》に神《かみ》が宿《やど》ると考《かんが》えられている、古《ふる》くから日本《にほん》に根付《ねづ》いている民族《みんぞく》信《しん》こう。

読

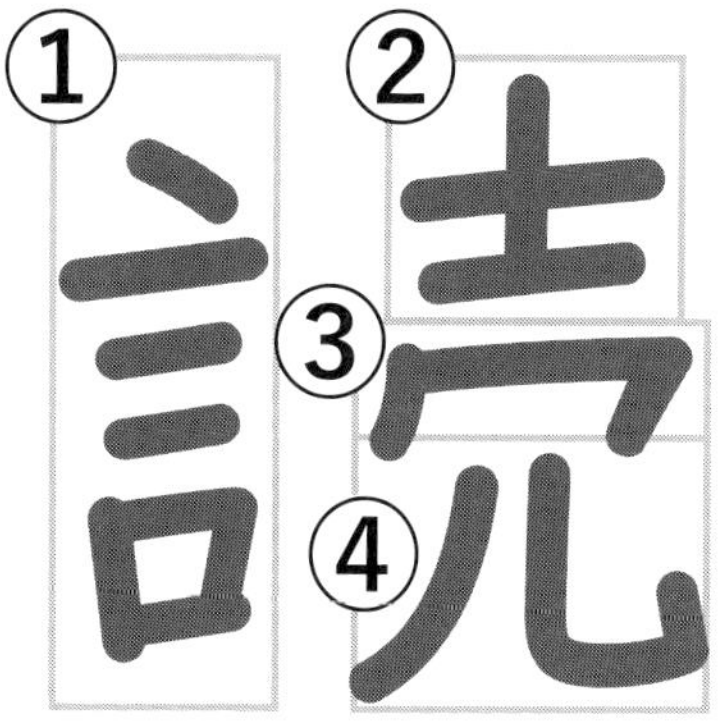

◆よ-む

ドク、トク、トウ

●本《ほん》を読（よ）む。

読書（どくしょ）

句読点（く　とうてん）

＝句点《くてん》「。」と読点《とうてん》「、」のこと。

内

内

◆うち

ナイ、ダイ

●円《えん》の内側（うち　がわ）

身内（み　うち）の者《もの》＝家族《かぞく》・親族《しんぞく》。

話《はなし》の内容（ない　よう）がわかりやすい。

境内（けい　だい）

＝神社《じんじゃ》・寺《てら》などが建《た》っている土地《とち》のこと。

南

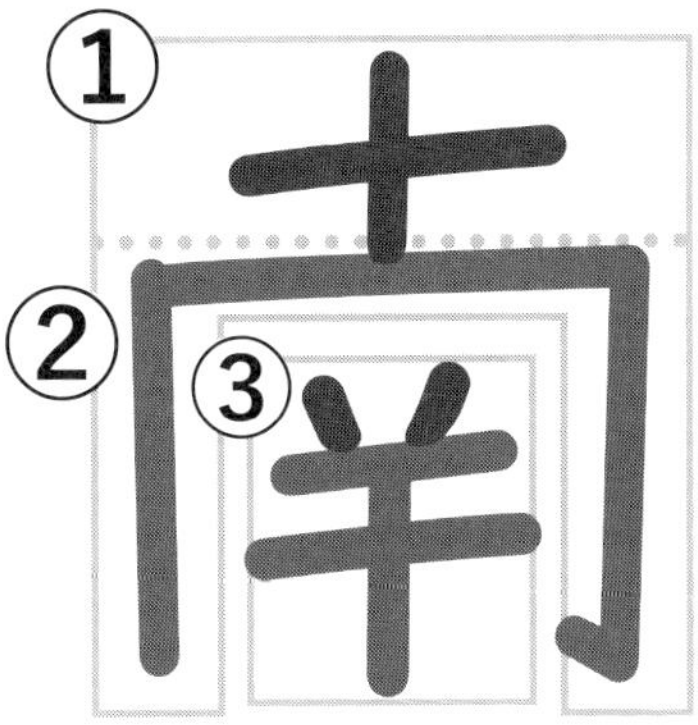

◆みなみ
ナン、ナ

●南（みなみ）向《む》きの窓《まど》
南西（なん せい）

肉

骨《ほね》のまわりの肉《にく》

◆ —

ニク

● 牛肉（ぎゅうにく）

肉（にく）を食《た》べる。

肉

馬

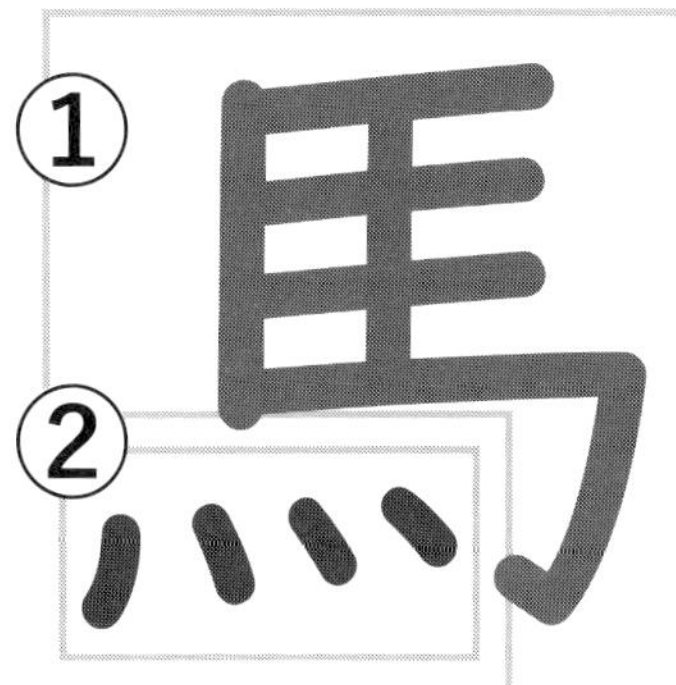

◆うま、ま

バ

●馬（うま）のたてがみ

絵馬（えま）

馬車（ばしゃ）

売

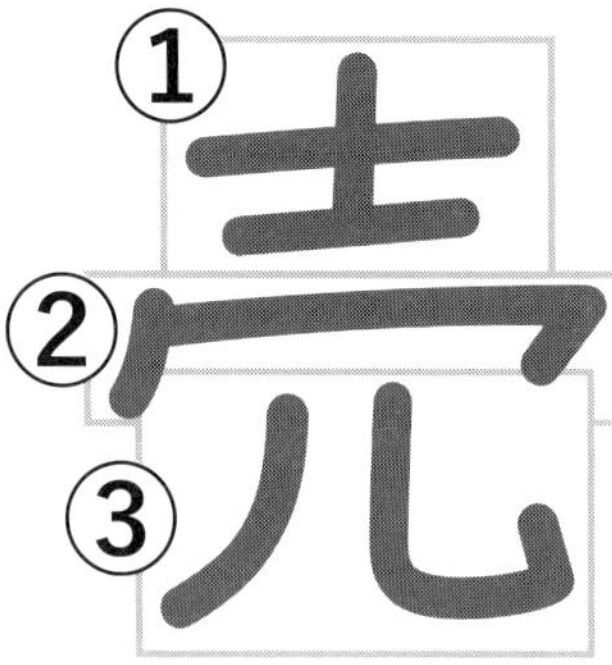

◆う－る、う－れる
バイ

●商品《しょうひん》を売（う）る。
アイスがよく売（う）れる。
売店（ばいてん）

買

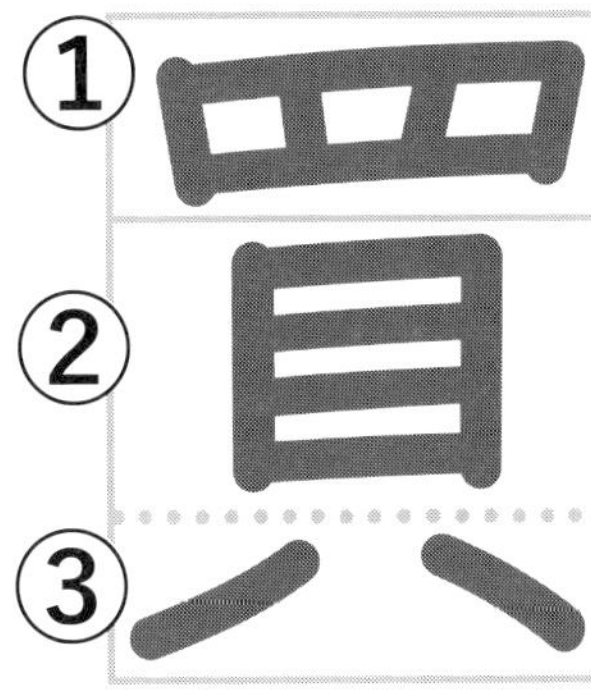

◆かーう

バイ

●自転車《じてんしゃ》を買(か)う。

売買(ばい　ばい)＝売《う》ることと買《か》うこと。

麦

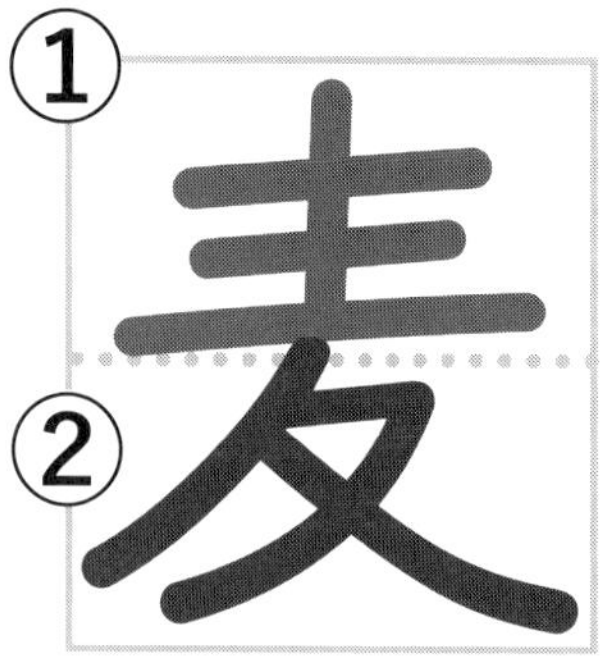

◆むぎ

バク

●麦（むぎ）が実《みの》る。

麦芽（ばくが）コーヒー

麦芽＝大麦《おおむぎ》の芽《め》を少《すこ》しだけ出《だ》させたもの。ビールや水《みず》あめの原料《げんりょう》。

半

◆なか－ば

ハン

●四《し》月《がつ》の半（なか）ば

半分（はんぶん）

一《いち》時《じ》間《かん》半（はん）、待《ま》っていた。

番

順序《じゅんじょ》

◆ —

バン

● 番号（ばん ごう）

順番（じゅん ばん）

給食《きゅうしょく》の当番（とう ばん）

父

父

◆ちち

フ

●父親（ちち　おや）

父母（ふ　ぼ）

風

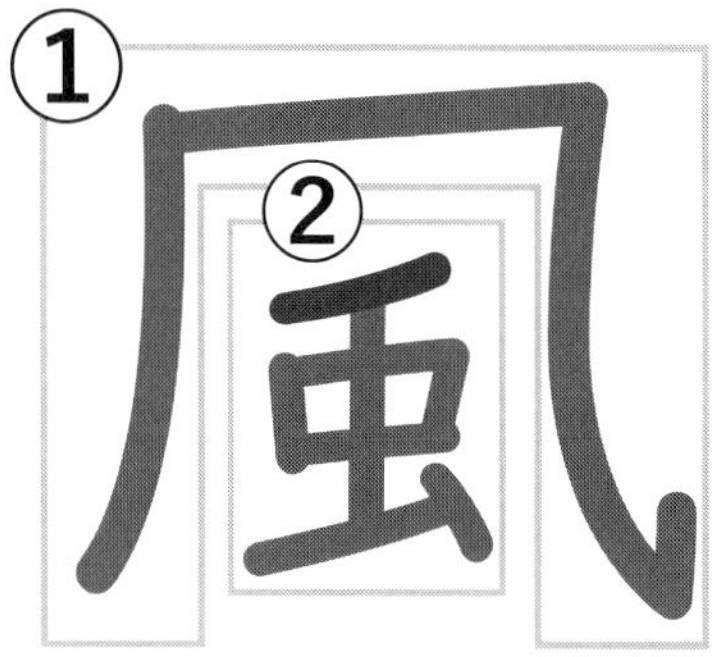

◆かぜ、かざ
フウ、フ

●風（かぜ）がふく。
風（かざ）向《む》き
風船（ふうせん）
風情（ふぜい）がある。

風情＝おもむき。あじわい。

分

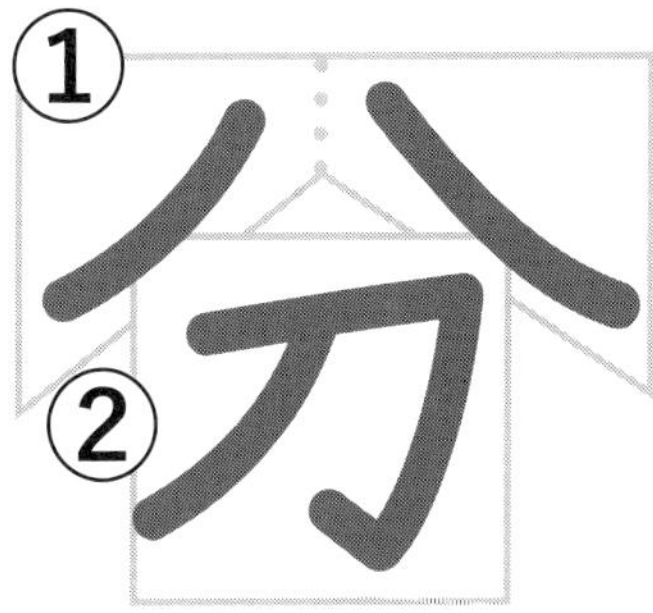

◆わ-ける、**わ**-かれる、
わ-かる、**わ**-かつ
フン、ブン、ブ

●ケーキを分(わ)ける。
意見《いけん》が分(わ)かれる。
原因《げんいん》が分(わ)かる。
五分間(ごふんかん)
分数(ぶんすう)
五分五分(ごぶごぶ)
=どちらも力関係《ちからかんけい》などに差《さ》がないこと。

聞

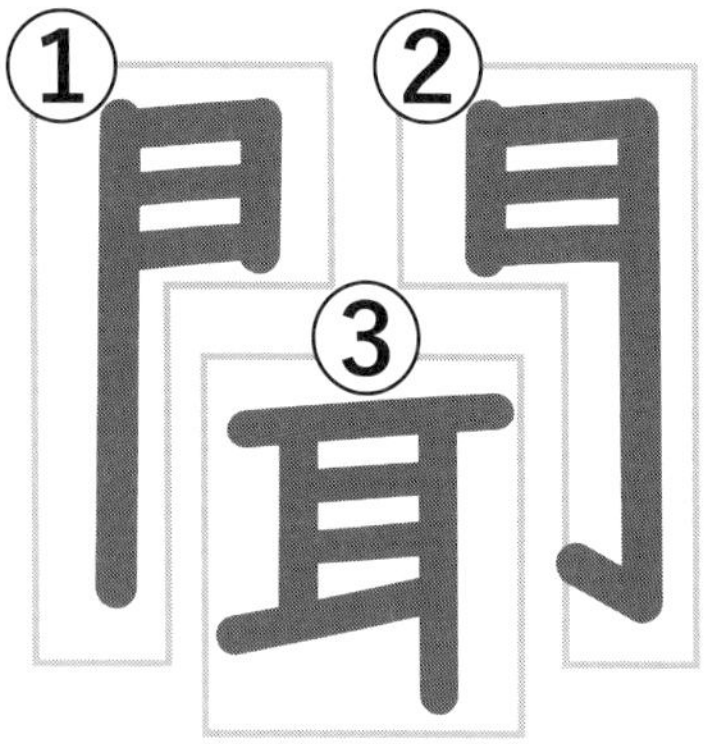

◆きーく、きーこえる

ブン、モン

●話《はなし》を聞(き)く。

声《こえ》が聞(き)こえる。

新聞(しんぶん)

前代未聞(ぜんだいみもん)のニュース

前代未聞＝これまで聞《き》いたことがないこと。

米

米

◆こめ

ベイ、マイ

●米（こめ）作《づく》り

米国（べい　こく）

＝アメリカ合衆国《がっしゅうこく》のこと。

新米（しん　まい）

歩

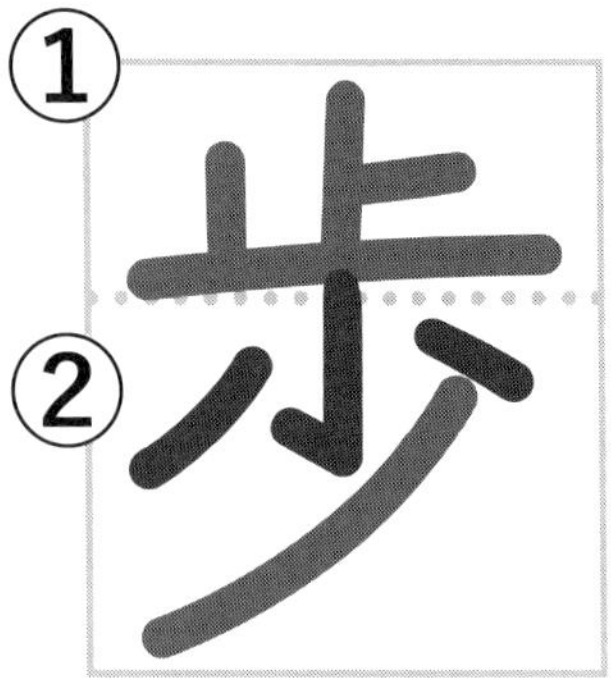

◆あるーく、あゆーむ

ホ、ブ、フ

●ゆっくり歩（ある）く。

父《ちち》と同《おな》じ道《みち》を歩（あゆ）む。

歩道（ほ　どう）

歩合（ぶ　あい）

＝割合《わりあい》を小数《しょうすう》で表《あらわ》したもの。

しょうぎの歩（ふ）

母

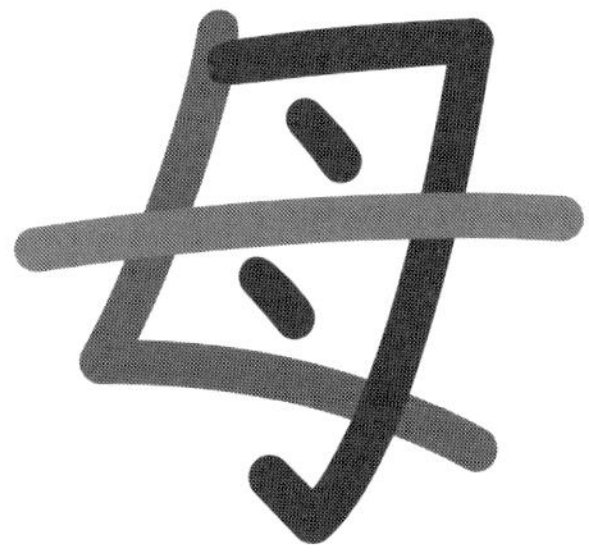

◆はは

ボ

●母親（はは　おや）

母子（ぼ　し）

母校（ぼ　こう）

＝自分《じぶん》が学《まな》んで卒業《そつぎょう》した学校《がっこう》。

分母（ぶん　ぼ）

$\frac{1}{3}$ ← 分母

方

方

◆かた
ホウ

●書《か》き方（かた）を習《なら》う。
方向（ほう　こう）
方法（ほう　ほう）
正方形（せい　ほう　けい）

北

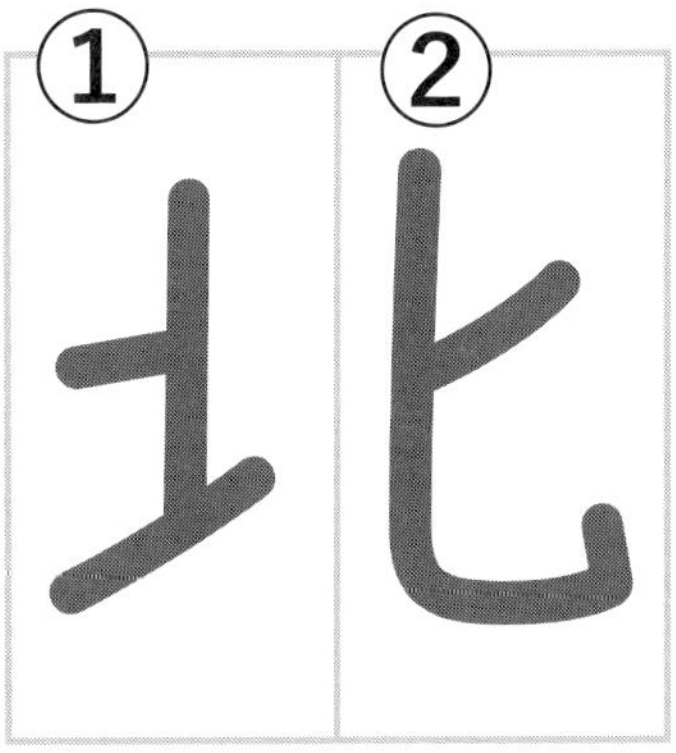

◆きた

ホク

●北風（きた かぜ）

車《くるま》で北上（ほく じょう）する。

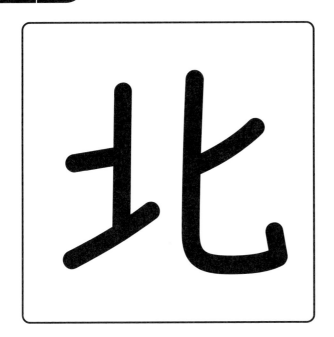

毎

①②

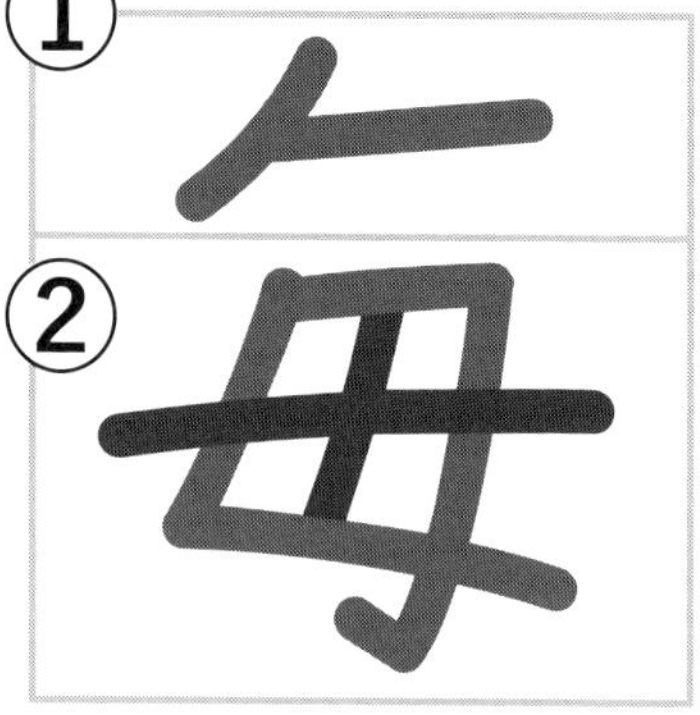

そのつど／ごと

◆ ―

マイ

● 毎日（まいにち）

毎週（まいしゅう）月曜日《げつようび》は集会《しゅうかい》がある。

妹

①女 ②未

◆いもうと
マイ

●妹（いもうと）が生《う》まれる。
姉妹（しまい）

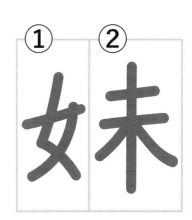

万

千《せん》の10倍《ばい》／すべて

◆ ——

マン、バン

● 五万円（ごまんえん）

万全（ばんぜん）の備《そな》え

万全＝あらゆる点《てん》で完全《かんぜん》なこと。

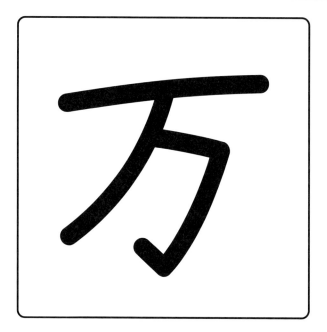

明

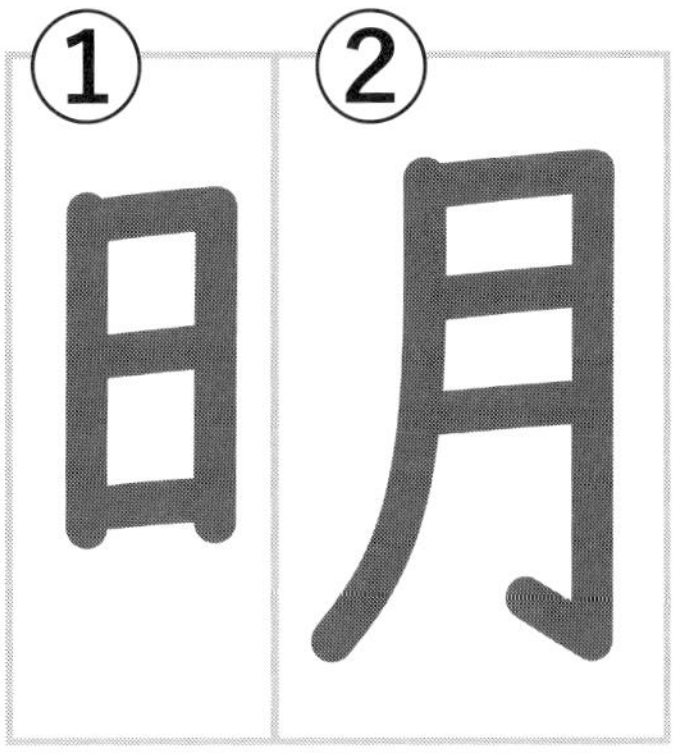

◆**あ**−かり、**あか**−るい、**あか**−るむ、
あか−らむ、**あき**−らか、**あ**−ける、
あ−く、**あ**−くる、**あ**−かす
メイ、ミョウ

●家《いえ》の明（あ）かり
明（あか）るい部屋《へや》
明（あき）らかな事実《じじつ》
夜《よる》が明（あ）ける。
明（あ）くる日《ひ》
秘密《ひみつ》を明（あ）かす。
明暗（めい　あん）
明朝（みょう　ちょう）＝明日《あした》の朝《あさ》

鳴

◆なーく
なーる、なーらす
メイ

●鳥《とり》が鳴（な）く。
ベルが鳴（な）る。
指《ゆび》を鳴（な）らす。
悲鳴（ひめい）が聞《き》こえる。
悲鳴＝悲《かな》しく鳴《な》く声《こえ》。さけび声《こえ》。

毛

◆け

モウ

●かみの毛（け）

毛糸（けいと）

毛布（もうふ）をかける。

門

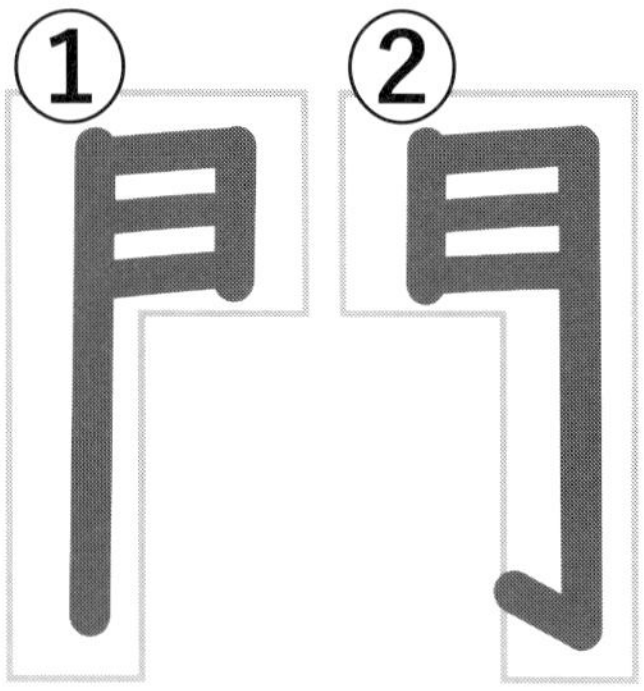

◆かど
モン

●門松（かど　まつ）
門出（かど　で）を祝《いわ》う。
門出＝新《あたら》しい生活《せいかつ》や仕事《しごと》をはじめること。

学校《がっこう》の門（もん）
プログラミングを専門（せん　もん）
にしている。
専門＝仕事《しごと》や学問《がくもん》で、その分野《ぶんや》だけを深《ふか》く
研究《けんきゅう》・担当《たんとう》すること。

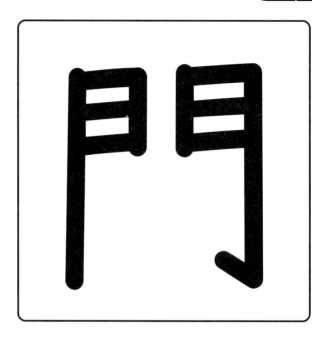

夜

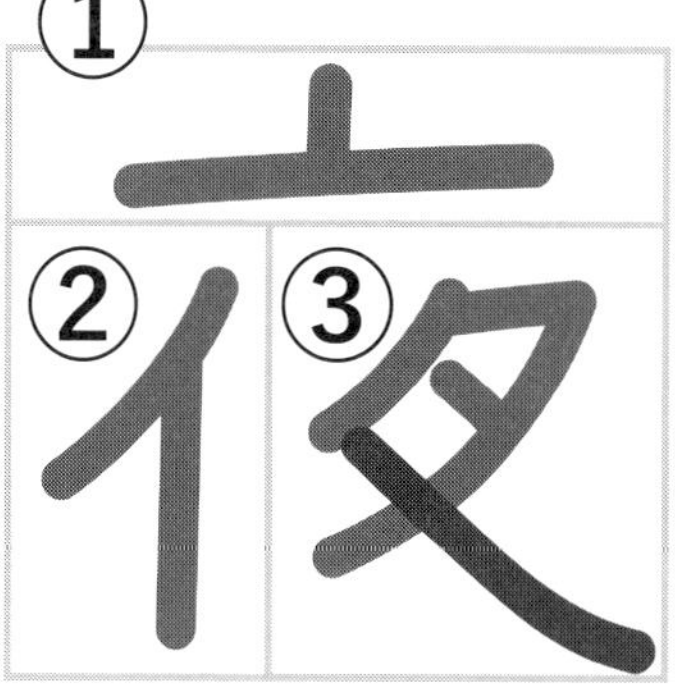

◆よ、よる

ヤ

●寒《さむ》い夜（よる）

夜中（よ なか）

夜明（よ あ）け

夜間（や かん）受付《うけつけ》

野

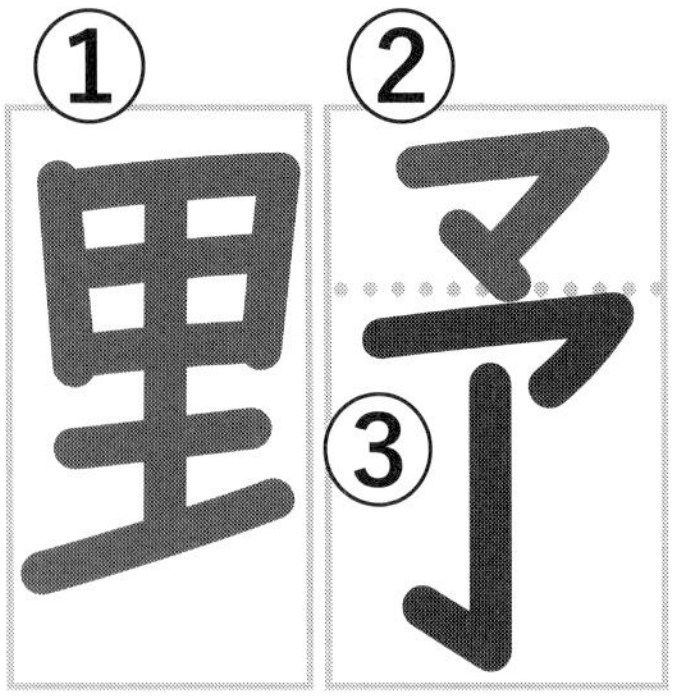

◆の
ヤ

●野原（のはら）で遊《あそ》ぶ。
野外（やがい）活動《かつどう》

友

友

◆とも
ユウ
●友（とも）だち
友人（ゆうじん）
親友（しんゆう）

用

◆もち－いる
ヨウ
●はさみを用（もち）いる。
出《で》かける用意（ようい）をする。
用事（ようじ）がある。
薬《くすり》の作用（さよう）

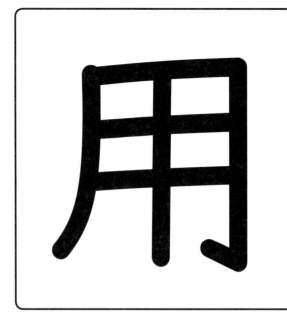

曜

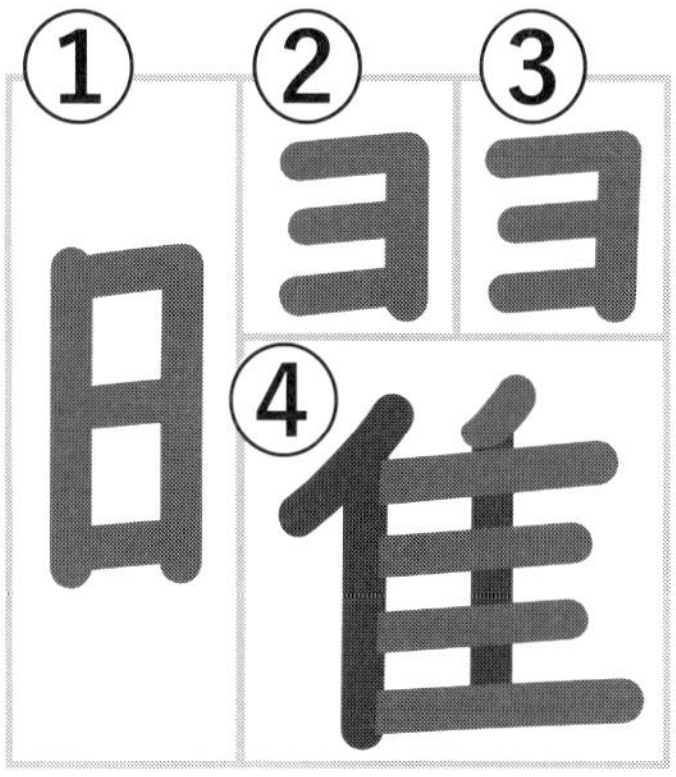

◆ —

ヨウ

● 曜日（よう び）

月曜（げつ よう）から金曜（きん よう）

日曜日（にち よう び）は休《やす》みだ。

一週間《いっしゅうかん》のそれぞれの日《ひ》につく

来

来

◆く－る

きた－る、きた－す

ライ

●手紙《てがみ》が来（く）る。

大会《たいかい》は来（きた）る五日《いつか》に開《ひら》かれる。

作業《さぎょう》に支障《ししょう》を来（きた）す。

来週（らい　しゅう）

里

◆さと
り

●里（さと）の秋《あき》
郷里（きょうり）
＝自分《じぶん》が生《う》まれ育《そだ》った場所《ばしょ》のこと。故郷《こきょう》。

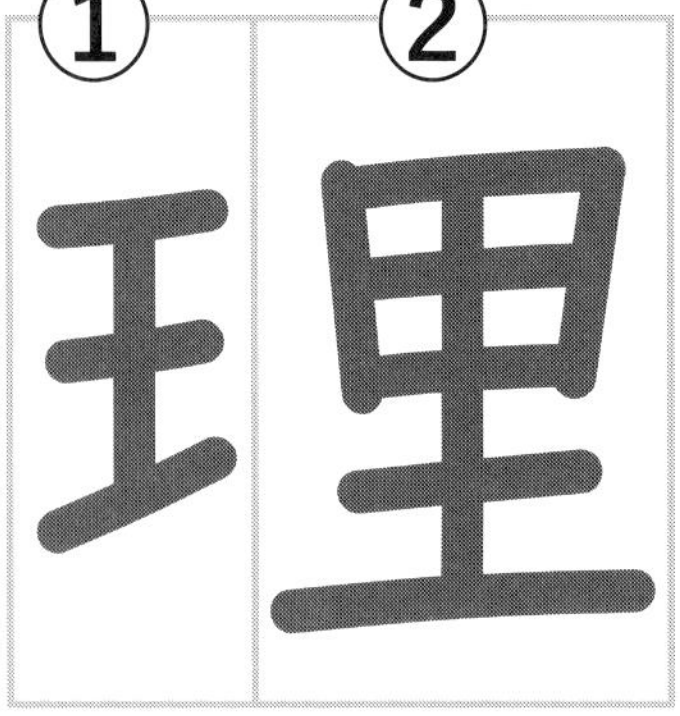

物事《ものごと》の正《ただ》しい筋道《すじみち》

◆ —

リ

●

理科（りか）

理由（りゆう）

意味《いみ》を理解（りかい）する

机《つくえ》の上《うえ》を整理（せいり）する。

話

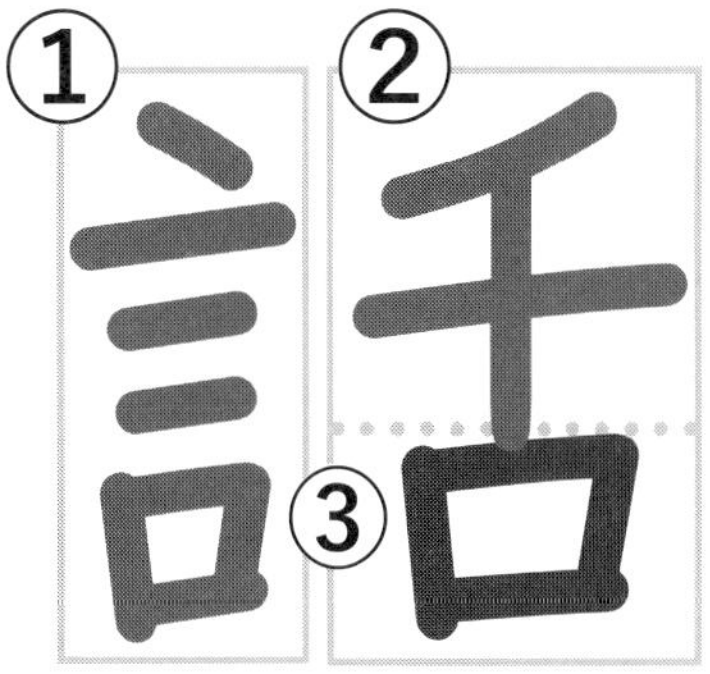

◆はな－す、はなし

ワ

●人《ひと》と話（はな）す。

先生《せんせい》の話（はなし）

会話（かいわ）

―大きな文字でわかりやすい―
小学生で習う漢字1026字
【2年　160字】

2023年11月1日初版発行

［発行・編集製作］
有限会社 読書工房
〒171-0031
東京都豊島区目白2-18-15
目白コンコルド115
電話：03-6914-0960
ファックス：03-6914-0961
Eメール：info@d-kobo.jp
https://www.d-kobo.jp/

［表紙・本文デザイン］
諸橋 藍
［フォント製作］
有限会社 字游工房
［本文イラスト］
近藤理恵
［表紙キャラクターデザイン］
森 華代
［内容構成に関する助言・内容チェック］
大隅紀子
三宅洋信
［用例作成・校正協力］
石井裕子
國方滋美
［用紙］
株式会社 西武洋紙店
［印刷製本］
株式会社 厚徳社
［出版助成］
一般財団法人 日本児童教育振興財団